大学语文
教学理论与实践

张冰洋　著

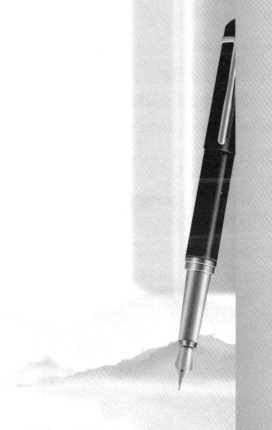

延吉·延边大学出版社

图书在版编目（CIP）数据

大学语文教学理论与实践 / 张冰洋著. -- 延吉：
延边大学出版社，2023.9
ISBN 978-7-230-05467-6

Ⅰ．①大… Ⅱ．①张… Ⅲ．①大学语文课－教学研究
Ⅳ．①H193

中国国家版本馆CIP数据核字(2023)第177675号

大学语文教学理论与实践

著　　者：张冰洋
责任编辑：于净茹
封面设计：文合文化
出版发行：延边大学出版社

社　　址：吉林省延吉市公园路 977 号　　　邮　编：133002
网　　址：http：//www.ydcbs.com　　　　　E-mail：ydcbs@ydcbs.com
电　　话：0433-2732435　　　　　　　　　传　真：0433-2732434
印　　刷：廊坊市广阳区九洲印刷厂
开　　本：710 毫米 ×1000 毫米　1/16
印　　张：12
字　　数：200 千字
版　　次：2023 年 9 月第 1 版
印　　次：2023 年 9 月第 1 次印刷
书　　号：ISBN 978-7-230-05467-6

定　　价：78.00 元

前　言

　　语文课程与教学论是各种课程体系中一门十分重要的专业必修课程，是体现教师教育特色的一门标志性课程。开设此课程可以使学习者形成语文课程与教学的正确理念，获得系统的语文教学的基础知识和基本理论，掌握语文教学的基本方法和技能，提高语文教育素养和课程的实施能力，最终全面提升语文教育质量。大学语文是面向非中文专业的大学生开设的一门基础性课程，其主要目的是培养学生的人文素养，提高其语文综合能力。因此，创新高校大学语文教学，弘扬我国优秀的传统文化，重视大学生语言、文学方面素养的培养，探索适合高校大学语文教学的模式与体系迫在眉睫。

　　语文教育教学是培养学生健康思想和语言文字运用能力的基础工程，也是传承中国优秀文化的有效途径。我们的母语和本土文化惠及每个人的一生，从入门识字到自主阅读，从初学写作到自我创作，无不是对自身民族文化知识的储备与提升。探索并实践大学语文创新教育途径，可以让中国的优秀传统文化得到更好的传承，让教育的核心目标得以实现，尤其是在全面提高大学生语文素养方面有着不可替代的作用，能为大学生未来的发展奠定良好的基础。这既是文化自信的表现，也是文化自觉的行动，更是教育者的责任担当。

　　本书主要研究大学语文教学理论方面的问题，涉及丰富的语文教学知识。主要内容包括大学语文教学理论基础，大学语文的性质、特点与教学任务，大学语文的功能与教学目标，大学语文生态化教学实施，大学语文文言文及阅读教学，大学语文创新教学的基本原则，大学语文课堂教学优化体系构建，大学语文教学和谐课堂等。本书是笔者长期从事语文教学和实践的结晶，在内容选取上既兼顾到知识的系统性，又考虑到可接受性。本书兼具理论与实际应用价值，可供相关教育工作者参考和借鉴。

由于笔者水平有限，本书难免存在不妥之处，敬请广大学界同仁与读者朋友批评指正。

目　录

第一章　大学语文教学理论基础

第一节　建构主义理论

一、建构主义理论概述

建构主义也称结构主义，是认知心理学派中的一个分支，其代表人物是皮亚杰、科恩伯格、斯滕伯格、卡茨、维果茨基。皮亚杰是认知发展领域最有影响力的一位心理学家，他所创立的关于儿童认知发展的学派被人们称为日内瓦学派。皮亚杰认为，儿童是在与周围环境相互作用的过程中，逐步建构起关于外部世界的知识，从而使自身的认知结构得到发展。儿童与环境的相互作用涉及两个基本过程："同化"与"顺应"。同化是指个体把外界刺激所提供的信息整合到自己原有认知结构内的过程；顺应是指个体的认知结构因外部刺激的影响而发生改变的过程。同化是认知结构数量的扩充，而顺应则是认知结构性质的改变。认知个体通过同化与顺应这两种形式来达到与周围环境的平衡；当儿童能用现有图式去同化新信息时，他处于一种平衡的认知状态；而当现有图式不能同化新信息时，平衡即被破坏，而修改或创造新图式（顺应）的过程就是寻找新的平衡的过程。儿童的认知结构就是通过同化与顺应过程逐步建构起来的，并在"平衡—不平衡—新的平衡"的循环中得到不断的丰富和发展。

建构主义理论中的一个重要概念是图式。图式是指个体对世界的知觉理解和思考的方式，也可以把它看作心理活动的框架或组织结构。图式是认知结构的起点和核心，或者说是人类认识事物的基础。因此，图式的形成和变化是认知发展的实质，认知发展受三个过程的影响，即同化、顺化和平衡。建构主义学习理论是 20 世纪 80 年代末、90 年代初兴起的一种学习观，其建构的观念可追溯到皮亚杰和早期布鲁纳的思想中。20 世纪 70 年代末，布鲁纳等人将教育心理学家维果茨基的思想介绍到美国，受其影响，建构主义思想得到了进一步发展。

建构主义者认为，世界是客观存在的，但是对于世界的理解和赋予意义却是由每个人自己决定的。也就是说，人们以自己的经验来理解世界，但由于人们的经历各不相同，对世界的解释也就大不相同。古宁汉认为，学习是建构内在的心理表征的过程，学习者并不是把知识从外界搬到记忆中，而是以已有的经验为基础，通过与外界的相互作用来建构新的理解。建构主义认为，知识不是通过教师传授得到的，而是学习者在一定的社会文化背景下（一定的情境），借助其他人（教师和学习伙伴）的帮助，利用必要的学习资源，通过意义建构的方式获得的。它强调学生在学习过程中处于核心地位，教师应当充分利用丰富的教学资源和灵活多样的教学手段，帮助学生建构知识，促使学生由"要我学"向"我要学"转变。建构主义理论的内容很丰富，其核心可以概括为：以学生为中心，强调学生对知识的主动探索、主动发现和对所学知识意义的主动建构。

建构主义教育理论认为，知识是相对的和不断变化的，不能通过直接传授的方法教授给学生，而必须依靠学生积极主动地建构，即学习者在一定的情境和社会背景下，借助其他人的帮助，充分利用各种学习资源，通过意义建构而获得。由于知识是在一定的情境下借助他人的帮助而实现的意义建构，因而"情境创设""协作学习""会话交流"和"意义建构"是学习环境中的四大要素。其中，"情境"是指学习者学习活动的社会文化背景，它有利于学习者将所学内容进行意义建构。因此，教学设计不仅要考虑教学目标的分析问题，还要考虑不利于学生建构意义的情境创设问题，并把情境创设看作是教学设计的重要内容之一。"协作"发生在学习过程的始终。"会话"是协作过程中不可缺少的环节，是建构的重要手段之一，学习小组成员之间必须通过会话商议如何完成规定的学习任务。"意义构建"是整个学习过程的最终目标，其建构的意义是指事物的性质、规律以及事物之间的内在联系。在学习过程中帮助学生建构意义，就是要帮助学生对当前学习内容所反映的事物的性质、规律以及该事物与其他事物之间的内在联系达到较深刻的理解。这种理解在大脑中长期存在的形式就是图式，也就是关于当前所学内容的认知结构。同时，对于许多学科，特别是人文学科来说，应该鼓励学习者建构出他自己独特的意义，形成他自己独特的认知结构。

建构主义提倡在教师的指导下建立以学习者为中心的学习。也就是说，既要强调学习者的认知主体作用，又要重视教师的指导作用。教师是意义建构的帮助者和促进者，而不是知识的传授者与灌输者；学生是信息加工的主体，是意义的主动建构者，而不是外部刺激的被动接受者和被灌输的对象。信息网络的基本特征和它映射于语文教学所体现出来的特征，契合于建构主义的基本理论需求。网络信息的丰富多彩为探究问题达到深层理解提供了材料上的保证，网络的空间特征满足了语文教学创设学习情境，并对之实施及时动态的有效控制的空间要求。网络传播的解构功能不仅可以增强学习者的兴趣和挑战心理，而且它也是促成学习者对周围瞬息万变的真实信息世界进行理解性重构的重要因素之一。建构主义理论是网络环境下实施语文教学的重要理论基础。

二、建构主义的教学思想

（一）建构主义的知识观

第一，知识不是对现实的纯粹客观的反映，任何一种传载知识的符号系统也不是绝对真实的表征。它只不过是人们对客观世界的一种解释、假设或假说，它不是问题的最终答案，却必将随着人们认识程度的深入而不断地变革、升华和改写，出现新的解释和假设。

第二，知识并不能绝对准确无误地概括世界的法则。在具体问题的解决中，知识是不可能一用就准、一用就灵的，而是需要针对具体问题的情景对原有知识进行再加工和再创造；知识不可能以实体的形式存在于个体之外，尽管通过语言赋予了知识一定的外在形式，并且获得了较为普遍的认同，但这并不意味着学习者对这种知识有同样的理解。

（二）建构主义的学习观

第一，学习不是教师向学生传递知识，而是学生建构自己的知识的过程。学生不是简单被动地接收信息，而是主动地建构知识的意义，这种建构是无法由他人来代替的。

第二，学习不是被动地接收信息的刺激，而是主动地建构意义，是根据自己的经验和背景，对外部信息进行主动地选择、加工和处理，从而获得自己的意义。外部信息本身没有什么意义，意义是学习者通过新旧知识经验间反复的、双向的相互作用而建构的。因此，学习不是行为主义所描述的"刺激反应"。

第三，学习意义的获得是每个学习者以自己原有的知识经验为基础，对新信息进行重新认识和编码，并建构起自己的理解。在这一过程中，学习者原有的知识经验因为新知识经验的纳入而发生调整和改变。

第四，同化和顺应是学习者认知结构发生变化的两种途径或方式。同化是认知结构的量变，顺应则是认知结构的质变。同化—顺应—同化—顺应，循环往复；平衡—不平衡—平衡—不平衡，相互交替，人的认知水平的发展，就是这样的一个过程。学习不是简单的信息积累，更重要的是包含新旧知识经验的冲突，以及由此而引发的认知结构的重组。学习过程不是简单的信息输入、存储和提取，是新旧知识经验之间双向的相互作用过程，也就是学习者与学习环境之间互动的过程。

（三）建构主义的学生观

第一，建构主义强调，学习者并不是空着脑袋进入学习情景中的。在日常生活和以往各种形式的学习中，学习者已经形成了有关的知识经验，他们对任何事情都有自己的看法。即使是有些问题他们从来没有接触过，没有现成的经验可以借鉴，但是当问题出现时，他们还是会基于以往的经验，依靠他们的认知能力，形成对问题的解释，提出他们的假设。

第二，教学不能无视学习者的已有知识经验，简单强硬地从外部对学习者进行知识输入，而应当把学习者原有的知识经验作为新知识的生长点，引导学习者在原有的知识经验基础上形成新的知识经验。教学不是知识的传递，而是知识的处理和转换。教师不单是知识的传授者，还应该重视学生对各种知识的理解，倾听他们对时下一些现象的看法，思考他们这些想法的由来，引导学生丰富自己的知识。

第三，教师与学生、学生与学生之间需要共同针对某些问题进行探索，并在探索的过程中相互交流和质疑，了解彼此的想法。由于经验和背景的差异，学习者对问题的看法和理解经常是千差万别的。其实，在学生的共同体中，这些差异本身就是一种宝贵的现象资源。建构主义虽然非常重视个体的自我发展，但是也不否认外部引导的作用，即教师的影响作用。

第二节 系统科学理论

系统科学理论是研究一切系统模式、原理和规律的科学。它是在系统论、控制论、信息论（简称"旧三论"）的基础上发展起来的，并逐渐出现了耗散结构论、协同论、突变论（简称"新三论"）。系统科学理论既是现代自然科学、社会科学、思维科学发展和综合的结果，又是现代科学研究的一般方法论。系统科学理论对现代科学的跨越式发展起到了极大的推动作用，对其他学科具有方法论的指导作用，对教育科学这一涉及诸多学习变量和教学变量的复杂系统更是具有积极的启发意义。系统科学对教学技能的学习与训练也具有积极的指导作用。

一、系统论、控制论、信息论

（一）系统论、控制论、信息论概述

1. 系统论

系统论的主要创立者是美籍奥地利生物学家贝塔朗菲。他在 20 世纪 40 年代末发表的《一般系统论》一书中提出了"一般系统论"的观点，奠定了系统论的基础。该理论把自然界、人类社会及人类思维都看作具有不同特点的系统。系统是由两个以上相互作用和相互联系的要素结合而成的，是具有特定的整体结构和适应环境的特定功能的有机整体。系统各部分之间的相互作用越协调，系统结构越合理，系统在整体上就越能达到较高水平，从而实现整体的功能大于各部分功能之和。宇宙中的任何事物都是以系统的形式存在并发展着的，教学技能也同样是以系统的形式存在并发展着的。如果运用具有普遍指导意义的系统思想和方法来指导教学技能的训练与应用，必将使教学技能的获得更有效，且更易实现教学技能到教学技巧、教学技艺乃至教学艺术的转变。

2. 控制论

控制论的主要创立者是美国学者、数学家维纳。他于 20 世纪 40 年代末出版了《控制论》一书，阐明在生物科学和物理科学中，控制和通信有着共同的规律。我国学者在《系统科学与教育》一书中，为控制论下了这样一个简要的定义：控制论是关于生物系统和机械系统中控制和通信的科学。系统的输出变为系统的输入就是反馈，通过反馈实现有目的的活动就是控制。一个系统既有控制部分将控制信息输入到受控部分，也有受控部分把反馈信息回送到控制部分，形成一个闭合回路，来实现系统的有效控制，由控制论产生了反馈控制法。这种方法认为，任何一个系统因内部变化、外部干扰都会产生不稳定性。为了保持系统的稳定性或按照一定路径达到预定目标，就必须进行控制。学习可以看成是一个信息加工的过程，若这一过程中的各个环节能够得到有效的控制，使得教与学之间的信息转换与反馈正常进行，就会使教学的效率和质量得到极大的提高。因此，控制论中的相关理论与方法必然会对如何有效控制教学过程，实现教学优化提供科学的依据与指导。

3. 信息论

信息论是研究各种系统中信息的计量、传递、变换、贮存和使用规律的科学。其原始意义主要是一门通信理论，即希望通过对各种通信系统中信息传输的普遍规律的研究，提高通信系统的有效性和可靠性。当把它应用于教育系统中，则可以理解为通过对教育系统中教学信息输入输出的一般规律的研究，即通过分析教学信息，分析教学系统的信息传播特点与规律，以及处理教学信息等，达到提高教育教学系统中教学有效性的目的。

（二）系统科学的基本原理

1. 整体原理

任何系统只有通过相互联系形成整体结构，才能发挥整体功能。系统中的各个要素是相互作用、相互依存的，没有整体联系、整体结构，要使系统发挥整体功能是不可能的。在教学技能的训练和应用中，应把教学技能看作一个系统，从宏观上把握，从整体上分析，综合考虑课堂教学过程中的各个要素和环节，使教学技能的整体功能得以有效发挥。

任何系统只有开放、有涨落、远离平衡态，才可能走向有序，形成新的稳定的有序结构，以使系统与环境相适应。在教学技能的训练和应用中，要处理好各种教学技能之间以及教学技能与外部教学环境之间的关系，以使它们之间形成平衡有序的状态。教学系统要在社会环境中存在和发展，要与外界有信息、物质等的交换，必然要求它是一个开放的系统，要不断地吸收各学科的新信息，引进先进的技术，使之从无序走向有序，使教学技能适应不断变化的教学环境。

2. 反馈原理

任何系统只有通过反馈信息，才可能实现有效的控制。一个控制系统，既有输入信息，又有输出信息，系统的控制部分根据输出信息（反馈信息），进行比较、纠正和调整它发出的输入信息（控制信息），从而实现控制。在教学技能的训练和应用中，要随时根据反馈信息来了解教学情况，对教学过程进行协调控制，以实现教学系统的功能。

二、耗散结构论、协同论、突变论

（一）耗散结构论、协同论、突变论概述

1. 耗散结构论

20世纪60年代末，比利时物理学家普利高津提出了"耗散结构"学说，他回答了开放系统如何从无序走向有序的问题。耗散结构理论认为，有序来自非平衡态，非平衡是有序源。在一定条件下，当系统处于非平衡态时，它能够产生、维持有序性的自组织，不断与外界交换物质和能量；系统本身尽管在产生熵，但又同时向环境输出熵，输出大于产生，系统保留的熵在减少，所以走向有序。"耗散"的含义在于这种结构的产生不是由于守恒的分子力，而是由于能量的耗散。系统只有耗散能量，才能保持结构稳定。耗散结构理论能够解决很多系统的有序演化问题，包括教育系统，它不仅对自组织产生的条件、环境作出了重要的判断，而且对被组织的事物或过程转变为自组织的事物或过程具有启发和可操作的意义。

2. 协同论

德国物理学家哈肯于 20 世纪 70 年代中期提出了"协同论"。协同论研究各种不同的系统从混沌无序状态向稳定有序结构转化的机理和条件。哈肯指出，从混沌状态而自发形成的有组织的结构，乃是科学家们所面临的最吸引人的现象和最富于挑战性的问题之一。协同论最根本的思想和方法是系统自主地、自发地通过子系统的相互作用而产生的系统规则。竞争与合作的方法是它的重要研究内容，协同论最基本的概念也是竞争与协作。复杂性的模式实际上是通过底层（或低层次）子系统的相互作用产生的。正如在大脑中寻找精神一样，在低层次中寻找复杂性的模式是徒劳的，但我们可以从相互作用的方式和结构，以及这种作用的运动演化过程中寻求到上一层次模式的呈现和轮廓。

3. 突变论

法国数学家托姆在 20 世纪 60 年代提出了一种拓扑数学理论，该理论为现实世界的形态发生突变现象提供了数学框架和工具。突变论在研究复杂性的问题和过程时具有特殊的方法论意义。人们常把缓慢变化称为渐变，把瞬间完成明显急促的变化称为突变，但对渐变与突变的这种经验性认识既不准确也不科学。它们的本质区别不是变化率大小，而是变化率在变化点附近有无"不连续"性质出现，突变是原来变化的间断，渐变是原来变化的延续。所以，突变属于间断性范畴，渐变属于连续性范畴。突变论的模型为思考人类思维过程和认识机制提供了新的思路。根据突变论的观点，我们的精神生活只不过是各个动力场之间的一系列突变，这种动力场是由我们的神经细胞的稳定活动构成的。

认识形态并不具有随意性，而是由其内部和外部条件预先决定的。托姆指出，我们思想的内在运动与作用于外部世界的运动，两者在根本上并没有什么不同。外部的模型变化可通过耦合的办法在我们的思想深处建立起来，这也正是认识的过程。

（二）自组织原理

耗散结构论、协同论、突变论作为系统科学的"新三论"，又称自组织理论，它深入研究了系统如何产生，如何利用信息交流将不同的部分组织起来而形成整体，以及系统如何演化等问题。

自组织是指在一定的外界条件下，通过系统内部的非线性相互作用，经过突变而形成一种新的稳定有序的结构状态，也就是系统"自发地"组织起来，形成和完善自身的结构。这也就是说，系统形成的各种稳定有序的结构是系统内部各因素彼此的相干性、协同性或某种特性相互作用的结果，不是外界环境直接强加给系统的。只要是通过内部因素的相互作用而组织成的有序结构，都是自组织。

在教学中，教师要用"自组织"的观点来看待教学和学生，要把学生看作一个自组织的系统。学生的学习不是通过教师的强制教学实现的，而是通过教师对其知识结构、能力构成和内部学习机制等进行整体的分析，并有针对性地创造条件和教学情境，引发其主动认知才实现的。由此，教师要充分认识到学生是学习的主体，才能真正实现教学的指导者和组织者的角色转变。

三、系统方法

（一）系统方法概述

系统方法是在运用系统科学的观点和方法来研究、处理各种复杂的系统问题时产生的。系统方法是按照事物本身的系统性，把对象以系统的形式加以考察的方法，它侧重于对系统的整体性分析，从组成系统的各要素之间的关系和相互作用中去发现系统的规律性，从而指明解决复杂系统问题的一般步骤、程序和方法。

（二）系统方法的作用

系统方法是认识、调控、改造、创造复杂系统的有效手段。世界上事物的形成和发展过程是复杂的，是由多种因素或子系统的复杂的相互作用所构成的，对理解和解决系统问题需要系统的分析和整体的思考。系统科学方法为解决系统问题提供了方法论的指导。

系统方法为人们提供了制订系统最佳方案以及实行最优组合和最优化管理的手段。系统方法通过研究系统的要素、结构以及与环境的关系，经过科学的计算、预测，设计实现系统目标的多种方案，从中选择最佳的设计和实施方案，并制订最佳控制和进行最优管理，以达到最佳功能目标。在人类认识世界和改造世界的过程中，系统方法在制订最佳方案、优化组合与管理等方面，都是解决问题的最佳手段。

系统科学方法为人们提供了新的思维模式。它突破了传统的只侧重分析的机械方法的栅栏，指导人们从总体上进行思考，探索科学技术发展的新思路，促进自然科学与社会科学的统一，促进科学家与哲学家形成联盟，帮助人们打破两种科学、两种文化的界限，建立统一的世界图景和文化图景，建立起系统的自然观、科学观、方法论和人类社会图景。

在教育领域中运用系统科学理论的思想、观点和方法，对教育系统的构成要素、组织结构、信息传递和反馈控制等进行分析、设计与评价，可以促进教育系统的最优化。将系统方法应用于教学技能的学习，将有助于对教学技能的整体性理解和训练，对教学技能的获得与发展具有方法论的指导作用。

第三节　多元智力理论

多元智力理论是由美国哈佛大学心理学家霍华德·加德纳教授提出的，又称多元智能理论。传统的智力理论认为，人类的认知是一元的，个体的智能是单一的、可量化的，而加德纳在 20 世纪 80 年代出版的《智力的结构》一书中提出，智力是在某种社会或文化环境的价值标准下，个体用以解决自己遇到的真正的难题或生产及创造出有效产品所需要的能力。每个人都至少具备语言智力、数理逻辑智力、音乐智力、空间智力、身体智力、人际交往智力和自我认知智力，这一理论被称为多元智力理论。其基本性质是多元的——不是一种能力而是一组能力，其基本结构也是多元的——各种能力不是以整合的形式存在，而是以相对独立的形式存在。现代社会需要各种人才，这就要求教育必须促进每个人各种智力的全面发展，让个性得到充分的发展和完善。

一、多元智力理论的主要内容

（一）言语—语言智力

言语—语言智力是指对外语的听、说、读、写的能力，表现为个人能够顺利而高效地利用语言描述事件、表达思想并与人交流的能力。这种智力在记者、编辑、作家、演说家等人的身上有比较突出的表现。

（二）音乐—节奏智力

音乐—节奏智力是指感受、辨别、记忆、改变和表达音乐的能力，具体表现为个人对音乐美感反映出的包含节奏、音准、音色和旋律在内的感知度，以及通过作曲、演奏和歌唱等表达音乐的能力。这种智力在作曲家、指挥家、歌唱家、演奏家、乐器制造者和乐器调音师的身上有比较突出的表现。

（三）逻辑—数理智力

逻辑—数理智力是指运算和推理的能力，表现为对事物间的各种关系，如对类比、对比、因果和逻辑等关系的敏感，是一种理性逻辑思维较显著的智力体现。这种智力在侦探、律师、工程师、科学家和数学家等人的身上有比较突出的表现。

（四）视觉—空间智力

视觉—空间智力是指感受、辨别、记忆、改变物体的空间关系，并借此表达思想和情感的能力，表现为对线条、形状、结构、色彩和空间关系的敏感，以及通过平面图形和立体造型将它们表现出来的能力。同时，对宇宙、时空、维度空间及方向等领域的掌握理解，是更高一层智力的体现。这种智力在画家、雕刻家、建筑师、航海家、博物学家等人的身上有比较突出的表现。

（五）身体—动觉智力

身体—动觉智力是所有体育运动员必须具备的一项智力。运用四肢和躯干的能力，表现为能够较好地控制自己的身体，对事件能够做出恰当的身体反应，以及善于利用身体语言表达自己的思想和情感的能力。这种智力在运动员、舞蹈家、外科医生等人的身上有比较突出的表现。

（六）自知—自省智力

自知—自省智力是指人认识、洞察和反省自身的能力，表现为能够正确地意识和评价自身的情感、动机、欲望、个性、意志，并在正确的自我意识和自我评价的基础上形成自尊、自律和自制的能力。这种智力在哲学家、思想家、小说家等人的身上有比较突出的表现。

（七）交流—人际交往

交流—人际交往是指与人相处和交往的能力，表现为觉察、体验他人情绪、情感和意图并据此作出适宜反应的能力，也是情商的最好体现。因为人和人的交流就是靠语言或眼神以及文字书写方式来实现的。这种智力在教师、律师、推销员、公关人员、谈话节目主持人、管理者等人的身上有比较突出的表现。

（八）自然观察智力

自然观察智力是指人认识世界和适应世界的能力，是一种在自然世界里辨别差异的能力，如辨别植物区系和动物区系、地质特征和气候等。

（九）存在智力

存在智力是指陈述、思考有关生与死和终极世界的倾向性，即人们的生存方式及其潜在的能力。如人为何要到地球上来，在人类出现之前地球是怎样的，在另外的星球上生命是怎样的，以及动物之间是否能相互理解等。

每个人都在不同程度上拥有上述九种基本智力，智力之间的不同组合表现出个体间的智力差异。智力是个体解决实际问题的能力和生产出或创造出具有社会价值的有效产品的能力。

二、多元智力理论的教育理念

多元智力理论对教育实践活动的影响是全方位的，涉及教育的学生观、教师观、教学观、目标观、评价观等教育理念。

（一）学生观

每个学生都是多种智力的组合，但由于不同环境和教育的影响与制约，在每个人身上智力以不同方式、不同程度组合，使每个人各具特点。在一个充满教育性的环境下，智力是可以提升的，只要能得到适当的刺激，几乎所有的智力在任何年龄段都可以发展。

（二）教师观

教师必须全方位地了解每一个学生的背景、兴趣爱好、智力特点、学习强项等，从而确定最有利于学生学习的教学方法与策略。教师的"教"必须根据学生的"学"来确定是否有效。

（三）教学观

学生个体之间存在智力差异，要求教学上以最大限度的个别化方式来进行。在教育中考虑学生个人的强项，使用不同的教材或手段，使每一个学生都有学会教学内容的机会，让学生有机会将学到的内容向他人展示，使学生的全脑智能得到最大限度的发展。认真地对待学生的个别差异，正是多元智力理论的核心。

（四）目标观

多元智力理论的教学目标是开发学生的多元智力，为多元智力而教，并通过多元智力来教，使学生有机会更好地运用和发展自己的多种智力。

（五）评价观

多元智力理论认为，评价要体现发展性。评价不以发现人的缺陷为导向，而是发展人的强项，并为其积极的变化提供基础，最终促进人的全面发展。

网络环境下的语文教学依赖高效的教学平台与丰富的信息资源来开展教学活动，为学生提供了一种新的学习选择方式，学生的主体地位得到凸显。网络教学尊重每一个个体，平等地对待每一个学生，促进每一个学生的全面发展和个性的充分展示。同时，丰富的学习资源和表现方式的多样化从客观上决定了网络教学属于一种个别化教学。多元智力理论的观点和网络环境下语文教学的特点非常吻合，是网络环境下实施语文教学的理论基础之一。

第四节　现代教学结构理论

现代教学结构理论，即结构主义教学理论，它是 20 世纪 50 年代末产生于美国的一种教学理论。该理论提出要让学生掌握学科的基本结构、提倡早期学习、倡导广泛应用发现法等。结构主义教学理论的代表人物是美国心理学家、教育家布鲁纳。

布鲁纳的结构主义教学理论的基本框架包括：①智力发展过程。儿童智力的发展离不开语言和文化的相互作用，而为学习者有计划地提供语言体系、文化体系是教师的基本职责，学习者智力的发展是在教师与学习者的教育关系中实现的。②教材结构理论。主张编写出"既重视内容范围，又重视结构体系的教材"。重视"内容"指要求教材现代化，重视"结构"则是指要求教材包含学科基本概念、法则及联系，有助于学生"学习事物是怎样互相关联"的。③发现学习法。学习者要自己去发现教材结构是最有效的学习方法。发现学习的特点是：学生积极探索解决问题的方略、学生活用并组织信息、学生灵活而执着地追求问题的解决。④内部动机是学习的真正动机。内部动机是在学习本身中发现学习的源泉，激发学生内部动机主要通过利用好奇心、激发疑惑、提出具有几个解答不确凿的问题、设计困境、揭示矛盾等。结构主义教学理论的要点有以下四个方面：

一、要让学生掌握学科的基本结构

结构主义教学理论认为，任何一门学科都有一个基本结构，即具有其内在的规律性。它反映了事物间的联系，包含了"普遍而强有力的适应性"。不论教什么学科，都必须使学生理解学科的基本结构，而学科的基本结构即各门学科的基本概念、基本原理和规律。"基本"是一个观念具有广泛的适用新情况的能力，它是进一步获得和增长新知识的"基础"；"结构"则是指学科的基本概念、基本原理以及他们之间的联系，是指知识的整体和事物的普遍联系，即规律。布鲁纳还指出，在教学中不仅要让学生掌握一般的理论，而且要培养他们对学习的态度、对推测和预测的态度、对独立解决问题的态度。因此，他强调要精心组织教材。布鲁纳指出，学习结构就是学习知识是怎样相互联系的。他认为，学习的首要目的是为将来服务。学习为将来服务有两种方式：①特殊迁移；②原理和态度的迁移（这是教育过程的核心）。布鲁纳对学习基本结构意义的理解为：一是懂得基本原理可以使学科更容易理解；二是懂得基本原理有利于人类的记忆。

二、提倡早期学习

布鲁纳认为，任何学科都可以用某种理智的方法有效地教给处于任何发展阶段的任何学生。因此，学习准备是很重要的。学习准备主要指学生的年龄特征和智力发展水平，是否已经达到能适应某些学科学习的程度。他认为，在发展的各个阶段，儿童用他自己观察世界和解释世界的独特方式去表现那门学科的结构，能使其掌握它。另外，儿童的认识发展阶段固然和年龄有关，但也可以随文化和教育条件而加快、推迟或停滞。所以，他主张教学要向儿童提出挑战性且适合的课题，以促进儿童认识的发展。布鲁纳强调基础学科能提早学习，使学生尽早尽快地学习许多基础学科知识是他关于学校课程设计的指导思想。

三、布鲁纳教学论原理

布鲁纳认为，教学论是一种规范化的力量，它所关注的是怎样最好地学会人们想教的知识和促进学习，而不是描述学习。它有以下四个特点：①应详细规定最有效地使人能牢固树立学习——一般形式的学习和特殊类型的学习——的心理倾向的经验；②应当详细规定需将大量知识组织起来的方式，从而使学习者容易掌握；③应详细规定呈现学习材料的最有效的序列；④必须详细规定教学过程中贯彻奖励和惩罚的性质与步调。据此，他提出了四条教学原则，即动机原则、结构原则、程序原则和反馈原则。

四、布鲁纳发现学习的理论

"发现学习"是布鲁纳在《教育过程》一书中提出来的。这种方法要求学生在教师的认真指导下，能像科学家发现真理那样，通过自己的探索和学习"发现"事物变化的因果关系及其内在联系，进而形成概念，获得原理。

发现学习以培养探究性思维的方法为目标，以基本教材为内容，使学生通过再发现的步骤来进行学习。发现学习是以布鲁纳的认知心理学学习理论为基础的。他认为，学习就是建立一种认知结构，相当于我们所说的主观世界，头脑中经验系统的构成。建立认知结构是一种能动的主观活动，具有主观能动性。因此，布鲁纳格外重视主动学习，强调学生自己思索、探究和发现事物。

（一）重视学生认知结构的发展和学科的知识结构

布鲁纳把认知发展作为教学论问题讨论的基础。他指出，教学理论实际上就是关于怎样利用各种手段帮助人成长和发展的理论。布鲁纳将其称为"成长科学"，即认知科学或智力发展科学。他认为，教育"不仅要教育成绩优良的学生，而且要帮助每个学生获得最好的智力发展，教育的任务在于发展智力"。儿童的认知发展是由结构上迥异的三类表征（行为表征、图像表征、符号表征）系统及其相互作用构成的质的飞跃过程。布鲁纳认为，学习的实质在于主动地形成认知结构。认知结构是指由人过去对外界事物进行感知、概括的一般方式或经验所组成的观念结构。学习者不是被动地接受知识，而是主动地获取知识，并通过把新获得的知识和已有的认知结构联系起来，积极地建构其知识体系。他指出，不论我们教什么学科，务必使学生理解该学科的基本结构。同时还认为，基本概念和原理是学科结构最基本的要素，学习结构就是学习事物怎样相互联系的，因为这些基本结构反映了事物之间的联系，具有"普遍而有力的适用性"。

（二）提倡发现学习，注重直觉思维

在教学方法上，布鲁纳主张"发现法"。"发现法"，对学生是一种学习方法，称为发现学习；对教师则是一种教学方法，称为发现教学。他认为，我们教一门课程，并不是希望学生成为该课程的一个小型图书馆，而是要他们参与获得

知识的过程。学习是一个过程，而不是结果。发现教学所包含的，与其说是引导学生去发现那里发生的事情的过程，不如说是引导他们发现自己头脑里的想法的过程。

他主张让学生主动地去发现知识，而不是被动地接受知识。布鲁纳的"发现学习"和"发现教学"以培养创新精神和实践能力为主要目的，即构建旨在培养创新精神和实践能力的学习方式及其对应的教学方式。其基本程序一般为：创设发现问题的情境→建立解决问题的假说→对假说进行验证→得出符合科学的结论→转化为能力。布鲁纳认为，"发现"依赖于直觉思维，并主张在教学中应采取有效的方法来帮助学生形成直觉思维能力。

（三）提倡螺旋式课程

布鲁纳认为，课程或教材的编写应按照学科的基本结构来进行。由此，他提出了螺旋式课程编写方法。螺旋式课程就是以与儿童的思维方式相符合的形式，尽可能早地将学科的基本结构置于课程的中心地位，随着年级的提升，使学科的基本结构不断地拓展。这样，学科结构就会在课程中呈螺旋式上升的态势。

第二章　大学语文的性质、特点与教学任务

第一节　大学语文的性质

语文是"语言""文字"与"文章"的统一，是人们交流思想，传递信息，获取知识技能不可或缺的手段。由此可见，语文的工具性、人文性和综合性便成为它的本质属性，包括大学语文。

一、工具性

工具性是大学语文的基本特征，在进行大学语文教学时，教材发挥着较为重要的作用。教师按照课程要求设计教学内容，使教学具有一定的科学性，进而使大学语文课程体现出工具性的特点。由于语文具有较强的实践性，在生活、学习中被广泛应用，并且还具有向其他科目渗透的趋势，因此，获取知识、养成良好的学习习惯是开展大学语文教学工作的主要目的。例如，学生在学习过诗歌部分的内容之后，就能够了解对仗、押韵等诗歌的创作特点，并能够在写作时应用这样的诗句，进一步提高语文的应用能力。另外，良好的语文学习习惯是通过大量练习得来的，练习时主要依托的是语文教材。可见，语文教材为大学语文教学工作提供了重要依据。

语文教材具有德育功能，学生在学习中能够形成正确的人生观、价值观和世界观，并对其人格品质的形成有一定的影响。由于大学语文教材内容具有爱国主义色彩，学生学习这一类文章能够培养爱国情怀。例如，《苏武传》

《祖国，我亲爱的祖国》等文章，都能够发挥出其工具性的作用，激发学生的爱国情怀，感受中华文化。另外，大学语文中不少文章蕴含丰富的哲理，学生在学习中能够了解为人处世的方式，进而发挥教材的效用，提高教学的有效性。

大学语文作为一门语言类课程，能够提高学生的文学素养，启迪学生的智慧。在教学过程中，传统文化的弘扬和人文精神的塑造也是通过大学语文的工具性实现的。例如，教师在带领学生进行写作练习时，学生会运用文字将自己的真情实感表达出来，鉴别假丑恶，弘扬真善美，使学生的语文综合能力得到进一步提高。

大学语文教材中的内容十分丰富，但怎样才能转化为学生的能力，还需要教师在教学中对课程内容进行合理分析，为不同需求者提供思想文化与语言技巧的丰富内涵与取向标准。而能否顺利实现工具性所体现出的文化与技巧功能，则取决于学生本身的兴趣爱好与教师实施的方式方法。由于大学生的语文综合能力参差不齐，传统的教学方法会按照大部分学生的学习能力进行教学，导致部分学生的语文成绩得不到提高，甚至失去了学习兴趣。为了合理利用语文教材，教师需要先了解学生的语文综合能力，并采用适当的方法进行教学，引导学生进一步了解语文课程，使学生逐渐树立正确的审美意识。另外，在教学的过程中，教师会对优秀作品进行重点讲解，使学生能够潜移默化地提高语文综合素养；教师有针对性地对学生进行指导，能够帮助学生感受大学语文中的美，使之掌握生动形象的语言表达技巧，从而发挥出大学语文课程的工具性作用。同时，教师在授课时，还需要先了解教材的整体结构，并根据教学需求设计教学内容，保障教学工作能够满足不同学生的发展需求。但由于部分教师对这一工作的重视程度不够，没有拓展教学内容，导致大学语文教材没有发挥出工具性的作用。为了改善这一现状，教师应提高自身的教学水平，并根据学生的兴趣爱好、学习情况等合理设计教案，以发挥语文教学培养全面人才的效用。

二、人文性

人文性能够体现出人类文化精神，是文化精神和价值理想的统一。人文精神是以积极的价值信仰确定生命的意义，以正确的伦理观念培育人际关系，以崇高的理性精神探索存在的规律，以自觉的公民意识参与社会事务，以坚定的文化自信传承民族传统，以高尚的审美理想创造美的世界。人文性的内涵是将真善美作为核心价值追求，推动人类文明进程发展。大部分大学语文教材在编写时将汉语言文学的发展历史、民族文化等内容融入其中，使语文具有特定的人文性，学生在学习时能够感受到文章中的文化内涵，促进学生形成健全的人格品质，达到大学语文教学的目的。另外，大学语文课程中包括大量的历史、文化、哲学等文章，学生在学习时能够感受到中华文化的博大精深，能够满足学生的学习需求，进一步提高其语文综合能力。由于学习大学语文教材的学生不是中文专业的，所以部分学生对语文课程的兴趣不高。为了达到教学目标，教师应以提高学生整体文学素养为教学目的，采用诱导式教学，带领学生从多角度对优秀作品进行分析，使其能够感受到文学作品的魅力。例如，在设计语文教学课程时，教师可以将文本中的人文性进行分类，如仁爱、乡愁、自然等，这样学生能够同时学习到不同类型的作品，并激发学生内心的情感，强化学生对主题的认知。

语文教育是指导学生学习中华文化的主要活动，语文教材在编写时为了达到素质培养的要求，按照文体结构形式进行分类。例如，徐中玉版的通用教材分为十二个单元，学生在学习这一教材内容时，能够快速了解不同单元的结构模式、主体内容，使单元主题结构具有人文性的特点，进一步提高了学习效率；夏中义版的教材以人文性为主线，将课程内容分为十六个单元，为每个单元设计了一个主题，并在文章之后增加了相关链接，达到丰富学生语文综合能力的目的。另外，部分教材在编写时按照文学结构进行编写分类，如彭光芒版的教材按照发展顺序进行分类，使学生在学习时能够进一步了解文史知识。由于这一形式的教材较为系统，并具有人文性，能够帮助学生了解不同时期语文的发展情况，进一步提高语文教学成效。学生在学习教材中的文学作品时不仅能够提高写作和表达能力，还能够提升民族认同感，使其了解中华文化中的人文性。

语言是重要的思维工具，大学教育对个人的思维发展有一定的影响，大学语文教材所具有的人文性特点，能够承载其他教育意义，但由于部分教师对引导学生学习民族文化的重视程度不够，导致语文教学降低了有效性。为了改善这一现状，教师要按照教材内容和设计方式进行教学引导，进一步增强学生的民族自豪感，达到开展大学语文教育的目的。另外，大学语文教材在编排时按照不同类型进行整理，能够提高学生的语文综合能力。但部分学生在学习一段时间后会产生枯燥感，为此，需要在教学时按教材结构合理设计课程，激发学生的学习兴趣，发挥出大学语文的人文性特点。

三、综合性

学生在大学阶段主动进行语文课程知识的学习，并成为学习的主导者，知识面不断拓宽，综合素养不断提升，这一过程能够体现出大学语文的综合性。而语文学科内容多样化的特点，能够达到文化传承的目的。大学语文学科具有教育职能，教材内容包括文学、哲学、历史等综合性内容，从文学的角度对大学语文教材进行分析，能够发现其中包含大量的经典文学作品。由于中国古代的道家、儒家思想对文学有一定的影响，部分经典作品能够体现出儒家思想，因而学生在学习时，能够感受到天人合一，体现大学语文教材的综合性特点。另外，由于传统思想文化在今天依然具有较为重要的意义，在大学阶段学习语文时，能使学生接受传统文化的熏染，提升他们的语文综合能力。加之教师合理使用语文教材内容，结合历史文化的拓展引领，更能体现出大学语文综合性的优势。例如，在设计《乡愁》这一课程时，为了激发学生的学习兴趣，教师需要融入政治、历史、地理等方面的知识，使课程具有拓展学生思维的意义。

由于中华传统文化将人生境界与审美境界联系起来，文学作品能够传达出这一内容，大学生在进行语文学习时，能够感受到作品的魅力。教师在进行课程内容讲解时，将文学作品内容含义延伸到社会生活中，达到精神文化传承的目的，体现语文教材的综合性。此外，教师在教学时，为了使学生进一步了解文本含义，会在讲解时引入实例，并创建相关的文学情景，焕发学生的民族情感，帮助学生树立正确的人生态度，提高教学的有效性。大学语文课程具有不同的特点，并且语文教育的目的是育人，教师在进行教学设计时，需要发掘课程内容的特点，并采用适当的方式开展教学，发挥语文课程的综合性优势。

语文是一门综合性较强的学科，良好的文本分析能力能够提高学生学习其他课程的效率，直接影响其他课程的学习质量。大学生虽然在先前学习阶段接受了12年的语文教育，但为了进一步的发展，为今后的工作奠定良好的基础，需要在大学阶段继续学习语文。例如，历史上具有重大成就的科学家，不仅专业领域较优秀，还具有较强的文学鉴赏能力与良好的文字表述能力，保障其能够应用合适的言语表达研究成果，这体现出语文的综合性和重要性。另外，学生在进入社会工作时，需要用语言陈述自己的观点，表达自己的不同见解。可以说，在我们学习、工作、生活的方方面面语文知识无处不在。一个能说会写的人无论在哪个行业都会受到重用，考察一个人的综合素质少不了必要的语文知识。部分教师为了提高学生的语文综合能力，在教学时将教学内容进行完善，并将其他知识与教材进行融合，进一步提高了教学质量，体现出大学语文综合性的特点。

第二节　大学语文的特点

一、知识结构的整体性

虽然大学语文教材具有不同版本，并且编者不同，教材结构划分、重点内容设计存在差异，但其知识结构具有整体性的特点。例如，王步高版本的教材在编写时，按照文学史结构进行编写，版本中的小说部分，将文本按照时代进行划分，学生在学习时能够了解不同时段文学的发展情况、写作风格，进一步提高了学习的有效性。另外，大学语文教材为了体现知识结构整体性的特点，在对单元进行分类时，不同单元所体现的重点内容是不同的，教师在设计教学内容时，为了体现出知识结构整体性的特点，会根据重点部分设计教学计划，学生在自主学习时，也能够抓住重点，发挥出大学语文整体性的优势。但部分教材在设计时，没有将各个类型的文本综合整理，甚至部分教材的爱国主义情怀不强，难以达到培养学生爱国主义情感的目的，这是有待完善的地方。

大学阶段的语文教学时间较为灵活，可以贯穿整个大学课程体系中，虽然学生具有一定的语文学习基础，但大部分学生对语文综合知识了解不深，提升不够，为了提高教学的有效性，使教材知识结构具有整体性，大部分教材编写人员将课程内容按照结构类型进行分类，教师能够有针对性地进行课程讲解。例如，在学习散文时，教师会根据教材知识结构引导学生总结散文的特点、写作手法等，并引导学生自主创作，达到提高学生写作能力的目的，推动语文教学工作进一步开展，达到提高学生综合能力的目的。

高校学生在学习大学语文时，由于大多数学生为非中文专业学生，语文综合能力不高，甚至存在语文知识匮乏的现象，在开展大学语文教学时，为了提高教学的有效性，发挥出知识结构的优势，教师需要在教学之前对这一部分整体结构进行分析，并为课程设定主题，使学生能够了解教学的重点内容，进一步提高教学的有效性。另外，如果教材按照文学类型进行分类，则会出现一段时间内学生的学习兴趣不高的问题。为了避免发生这一问题，使知识结构具有整体性，教师要在课程结构设计时将文章类型进行穿插，使一单元中既有古文又有现代文，以调动学生学习的积极性，进一步提高教学的有效性。在针对不同专业开设大学语文课程时，需要提高知识结构的整体性，并明确结构类型，根据学生的喜好进行设计，通过这样的方法设计教学内容，能够转变学生对语文课程的态度，提高他们对语文课程学习的积极性，促进大学语文教学工作的进一步开展。

大学语文课程教学的核心是提高学生的文化素养和培养学生的创新思维品质。在教学过程中，教师应引导学生积极思考，并鼓励学生提高学习的积极性。同时，可以设计开放性答案的问题，并引导学生进行整理，以进一步提高教学的有效性，促进学生思维能力的发展。

二、文选内容的经典性

大学语文教育的目的是提高大学生的文化素质。在大学语文教材中融入大量的经典选文，不仅能够满足时代发展的需求，还能够体现出时代价值与社会意义。通过这一阶段的教育，大学生能够熟悉和掌握经典，达到素质教育的目标。大学阶段的语文教学内容较为重要，能够推动学生进一步提高自身的综合能力，但部分大学目前使用的教材为通用本，由于使用时间过长，其内容大都为古代文学作品，难以满足学生个体的学习需求，导致课堂与学生之间存在一定的距离感，学生的学习兴趣不足。为了提高教学的有效性，选编教材在引入古代经典作品的同时，还应融入现代优秀作品。目前使用的大学语文教材中，陈洪版教材中的古代文学比重较小，但其古文内容较为经典，能够满足学生的学习需求，进而不需要再增加这一类型的文本内容。中文专业学习的教材在设计时，则侧重于语言基础内容，包含大量较为专业的知识，具有较强的专业性。

在教学改革不断推进的背景下，为了能够进一步推动大学语文教学工作的开展，在选择教材时对选文内容进行了分类整理。例如，在对具有时代感的内容进行整理时，需要先将内容按照经典性进行分类，并将国内外优秀的文学作品融入其中，提高大学语文教材的效用，为教学工作提供依据。在教学设计时，教师可以先将教学内容进行分类，并更换部分课程内容。教材部分内容虽然具有经典性，但由于难度较高，无法为学生进行系统的知识讲解。为此，教师可以适当选择添加一些便于学生理解的选文，以优化教学内容。例如，陈洪版的大学语文教材内容分配就较为合理，并且选择了较多的经典文学作品，如《秦腔》《语言的功能障碍》等，这些既具有文化传承性又能提高学生语言运用能力的优秀选文，就具有较强的感染力，能够提高语文教学的有效性。

由于大学语文教材的编写者不同，其编写思路也存在一定的差异，其中应用的选文经典性不同，其效用也存在差异。例如，徐中玉版的教材内容注重提高学生的能力，其中的内容开放性较强，学生能够应用这一教材提高自身的语文综合素养；王步高版的教材在编写时添加了脚注，对部分较难的内容进行了整理，能提高学生的阅读效率，并且由于其对语文综合能力较重视，在进行教材编写时，将不同类型、不同结构的文本引入其中，内容较为经典，学生在教师的指导下，能够了解文本的内涵，进一步提高教学成效。

三、人文精神的隐含性

大学教育具有人文素质教育的责任，进行人文教育能够使学生了解到人生的价值与自由意识，我国人文教育在发展中经历了化民成俗、转识成智的过程，并不断丰富人文精神，进而大学语文教学具有培养健全人格的功用。

例如，大学语文教材中的《八声甘州》这篇课文，虽然高中语文教材中选用了，但大学教学中对借事抒情进行了深层次的讲解，表现出了课程中的隐含性。大学语文课程具有基础性的特点，大学阶段需要学习这一课程的为非中文专业的学生，其对中国历史文化的了解不足，进而在学习时存在难以提高学习兴趣的问题。为了改善这一现状，可以在教材中增加科技说明文，将形象思维与抽象思维有机结合，让学生涉猎其他领域的知识，进而激发他们的学习兴趣。

大学语文课程能够帮助学生体察社会，为其今后的工作奠定良好的基础。教师在设计课程内容时需要选择贴近生活实际的内容，使教学具有一定的时代感。例如，教师在设计教案时，可以将生活中的人文精神实例与文本联系起来，选择篇幅小、内容精练的文章，并在教学时加以引导，使学生感受到人文精神的隐含性，发挥出大学语文教育的作用，提高教学的有效性。在网络快速发展的今天，网络作品质量不断提高，学生对其关注度较高，为了提高学生对课堂的关注度，可以在设计教学内容时适当将网络作品融入其中，引导学生分析作品的优劣，提高学生对作品人文精神的了解程度，提升学生的文学鉴赏能力。另外，应用这一方法设计教学内容能够引导学生关注社会生活，并产生一定的感悟，达到大学语文教学的目的。

四、表达方式的审美性

大学语文教材将语言文学、文化知识进行整理，具有一定的思想文化内涵，并且大学语文课程为传播知识的载体，其结构本身与人的审美相符合，使学生能够进行情感交流。随着语文课程内容的不断完善，无论诗歌、散文还是小说、戏曲，都不乏美文美句，对大学生健全人格的塑造具有直接的影响。由于大学语文的教学对象为非中文专业的学生，虽然其对教材难度要求不高，但需要更进一步提高自身的文化素养，为其他科目的学习奠定基础。教师在教学的过程中，需要加大引导力度，使学生能够通过学习优秀作品，提高其对课文的审美感悟能力。

大学语文教材内容包括诗歌、散文、小说等文学体裁，不同体裁的文本语言表达方式存在差异，但学生在课堂中认真学习便能感受到作品中的美。在教学中，由于大学阶段的学生受过语文教育，其理解能力、学习能力较强，教师只需要应用美的规律对学生进行引导，学生便能够对课文表达方式中的美进行分析，进而获得一定美的享受，并逐步形成正确的语文审美能力。而大学开展语文教学的目的之一是培养学生的审美能力，在开展大学课程教育时，教师需要引导学生树立审美标准，培养学生的审美能力。

由于大学具有培养学生健康品质的教育职能，在进行语文教学时，教师需要根据学生的性格特点，选择适当的教学方法，使学生养成良好的审美情趣。教师在设计教学内容时，可在教案中融入美的形象和意境，使学生能够准确地分析课文的含义，帮助学生形成良好的审美能力，为学生今后的学习和工作奠定良好的语言基础。

第三节　大学语文的教学任务

一、增强母语的感染力

在大学阶段学习母语能够提高学生的语言表达能力，丰富学生的内心世界，并且学生的母语水平直接影响其思维能力和创造能力的发展，对学习其他语言也有一定的帮助。大学的母语教育旨在培养高素质的语文人才，学校在进行语文课程教学时，需要按照教育部门的要求设计教学内容，发挥出语文学科的特点，使高校能够顺应语文教育发展的需求。虽然学生在进入大学阶段之前，已经学习、应用了较长时间的汉语，但大学语文教育的主要目标是提高学生的语文综合素养，所以在进行教学设计时，需要对阅读、欣赏、表达等进行科学设计，进一步提高教学的有效性。

大学语文课程在教学时将培养人文精神作为目标，并以这一目标为依据选择教学文本。教师在设计课程时，应选择具有典范性的文本，并对学生的综合能力进行分析，合理设计能够启迪思想的文本，使教学具有生动活泼的氛围，让学生对语文学习产生浓厚的兴趣，并达到增强母语感染力的作用，推动语文教学工作的进一步开展。

语文教材在编写时，为了保障其既能够满足教学大纲的要求，又能达到母语教学的目的，需要教师将其中的工具性与人文性进行统一，使学生能够在适当的教学环境下提高语文综合能力，并提高对文学作品的赏析能力。但部分高校在开展语文教学时，没有合理设计教学内容，导致教学内容过于理论化，难以提高学生的综合素养，这就需要开展语文教学改革工作，以进一步增强教学的整体性，增强母语的感染力。另外，开展语文教学工作，能够促进学生进一步提高语文综合能力，形成良好的精神素养。由于学生生活在汉语环境下，并且语文科目对社会发展有一定的影响，为了使大学语文教学达到增强母语感染力的效果，需要优化教学文本内容。例如，教师可以从社会发展、文化素质等几个方面选择文本内容，并在教学过程中对学生进行引导，提升学生对语文的欣赏能力。

二、提升艺术审美能力

艺术审美能力，又称艺术鉴赏能力，是指人感受、评价和创造美的能力。审美感受能力指审美主体凭借自己的生活体验、艺术修养和审美趣味有意识地对审美对象进行鉴赏，从中获得美感的能力。艺术审美能力对学生的思想情操、思想情感的发展有一定的影响，并且大学生即将面临就业问题，为了促进其发展，需要合理开展语文教育工作。为此，教师需要合理设计教学内容，使学生具有发现美、创造美的能力。另外，由于教师具有美感教育的责任，所以在选择教材时需要按照马克思主义审美原则整理教学内容。在大学语文教学中，教学工作需要发挥出语文学科的人文性与基础性作用，进而提升学生的艺术审美能力，促进学生的全面发展。但大学语文教学使用传统方法难以提高教学的有效性，为了改善这一现状，需要提高教学的针对性。例如，在教学时，教师需要先对学生进行基本审美能力的培养，并根据学生的学习情况进行审美教学，使学生能够进一步提高对语言的感悟能力，从丰富的审美体验中得到美的享受，提高大学语文教学的有效性。此外，教师应适时对学生进行必要的引导，培养其勤于思考的习惯，为之后的学习、工作奠定良好的基础。

在大学语文教学中，为了进一步提高教学的有效性，教师应帮助学生沉淀知识，提高他们对文章内容的理解能力，使其了解文本的内容情感，并将文本内容进行升华。例如，在学习《声声慢》时，由于学生接受了较长时间的语文教育，进而让其独立对文本进行分析没有问题，但为了发挥出大学语文教学的优势，需要从审美角度引导学生进行分析，使学生能够感受李清照的情感，并融入诗人的精神境界，使教学工作达到提升学生艺术审美能力的效果。

教师在教授大学语文时，为了达到提升学生艺术审美能力的目的，需要合理设计教学内容，帮助学生对作品进行感悟。例如，教师在带领学生学习《荷塘月色》这一课的内容时，需要先带领学生分析作品内容，并让学生找到作品中传达美的关键词，并感悟到美的哲理，达到美育的目的。另外，文学作品能够展现社会、思想等内容，例如，在《当》这一文章中，学生在教师的引导下能够感受文章中描写的社会状态，感受到作品中美的力量，达到教育的目的。通过这样的方式开展大学语文教育，能够让学生在成长中逐渐形成完善的审美能力，从而促进学生心理健康的发展。

大学语文教材内容具有多样化的特点，并且蕴含自然、社会等方面的美，教师需要将这一内容合理地融入到教学工作中，使学生循序渐进地形成审美能力，领会到作品的内涵，并能够对照生活实际进行分析，提高学生的审美素养。另外，在大学阶段的语文教学，教师需要在课前整理和设计教学内容，适当选择能够融入现实生活中的文本内容，并引导学生总结其中的美，使教学能够充分发挥出美育的作用。

三、优化语言表达能力

大学语文，无论是叙事状物，还是抒情言志，所选文章均为经典之作，这对学生的语感培养很有帮助。由于语文内容具有实践性的特点，人们的日常生活离不开语文，并且随着社会的不断进步与发展，语文的应用范围不断扩大，逐渐向其他领域渗透。因此，专家学者在进行教材编写时，将培养学生的基本功作为出发点，注重语言的工具性与美学性特征。另外，为了能够充分发挥大学语文教材的教育职能，需要合理设计教学目标，使学生能够在长期的学习中养成良好的学习习惯，并提高教学成效。由于培养良好的语文学习习惯需要进行不断地练习，而练习的依据为语文教材，这就需要教师应用教材带领学生进行听、说、读、写等实践活动，通过具体的语言环境锻炼学生运用语言的能力，促进学生养成良好的学习习惯。在教学时，为了能够进一步提高教学的有效性，教师需要带领学生拓展学习其他选文内容。例如，学习古诗词时，需要应用其他内容分析对仗、押韵等相关韵律知识，使学生能够提高对语文教学内容的了解程度，并提高他们的语文实际运用能力。

在大学阶段开展语文教学对学生综合能力的发展有一定的影响。在进行语文教学时，教师应从学生的实际能力与智力发展需要出发来取舍内容。例如，教师在教学时为了达到优化学生语言表达能力的目的，提高教学的有效性，需要先将教学课程内容进行分类整理，并适当添加不同体裁的文本，带领学生练习语言表达能力，进一步提高教学质量。同时，要发挥大学语文教学的作用，教师在教学之前应了解学生的实际学习情况，因人而异地设计教学内容，达到优化学生语言表达能力的目的，促进大学语文教学工作的进一步开展。

由于语文学习的特点主要表现为语言表达，在进入大学阶段之后，为了能够发挥出语文教学的优势，教师需要进行重新设计，使教学具有科学性，并能达到优化学生语言表达能力的目的。例如，教师可以在课程中融入诗歌、散文、小说等文本，使学生能够进一步了解各种文学体裁。同时，带领学生进行写作、阅读训练，提升学生的人文素养，进而提升他们的语言表达能力。

大学语文教学中，为了达到优化学生语言表达能力的教学目标，教师需要在教学中带领学生进行文本翻译、内容分析等工作。另外，在进行教学时，为了潜移默化地优化学生的语言表达能力，需要教师合理地设计课后作业，使学生能够将课程内容与生活实际联系起来，形成良好的语文综合素养。但部分教师在进行教学设计时，对教学内容的连贯性重视程度不高，导致影响大学语文课堂教学的效果。对此，需要教师在教学之前先设计教学的总体构架，并按照教学要求对学生进行引导教学，使大学语文教学具有优化学生语言表达能力的效用。

四、激发开拓创新能力

创新是一个民族的希望，是社会文明的象征，随着社会经济的不断发展，教育的创新已逐步起到引领示范的作用。为了推动我国教育事业的进一步发展，教育部制定了各级教育发展规划，对教学改革发展进行了科学规划，这一工作将推动社会经济进一步发展，进而促进人才发展，带动文化、社会发展。高校承担着创新型人才培养的重任，需要在学科教育教学中实施创新工程，以科技创新人才培养为主，对学生进行素质教育，提高教学的有效性。因此，大学在进行语文教育时，应按照教育要求设计教学工作，达到培养学生创新能力的目的。在对大学语文教学进行设计时，可以应用问题教学法设计教学内容。例如，在具体教学过程中，教师可以先带领学生分析文本情感，并向学生提出与教学内容相关的问题，激发学生的创造性思维。另外，在教学中营造创新氛围能够进一步提高学生的学习积极性，并培养学生的创新能力，为他们今后的学习和工作奠定良好的基础。

在大学阶段进行语文素质教育，能够激发学生的学习潜能，并使学生提高创新能力，成为全面发展型人才。大学教育的主要任务是提高学生的创新能力、实践能力，使学生能够满足时代发展的需求。为了达到这一目标，需要将培养创新能力放在重要位置，并整理教学内容。例如，在教学的过程中，教师需要引导学生思考解决问题的方法，使学生能够形成创造环境和解决问题的能力，推动学生形成完善的人格，达到素质教育的目的。在大学语文教学过程中，为了能够进一步提高学生的创新能力，教师需要使用新的教学手段、教学方法开展教学工作。为了全面提高学生的综合素养，教师需要在课程中增加人文、艺术知识的介绍，使学生了解思想家的智慧、人文知识、自然景观等内容，促进学生思维能力的发展。另外，大学语文课程内容形式具有多样化的特点，并且类型较为丰富，学生在学习时能够形成较为完善的形象思维，从而激发他们的开拓创新能力。

为了使教学达到激发与开拓学生创新能力的目的，教师需要在教学之前对文本内容进行全方位的审视，并将自身作为发现者、研究者了解文本的内涵；在教学时，需要带领学生进行课程内涵的分析工作，培养学生的思维能力。

五、丰富人文知识素养

人文素养中的"人文"，可以作为"人文科学"进行分析，而"素养"是由"能力要素"和"精神要素"组合而成的。大学语文教育是我国民族文化的载体，大学生通过学习，可以陶冶情操、感悟人生、丰富感情、完善人格，促进人文素养的形成与发展。

大学生是推动社会发展的重要力量，为了提高教学工作的有效性，需要对大学语文教学工作进行优化，把教学重点放在学生人格、气质、修养的培养上，并通过优秀作品感染学生。但由于教材版本不同，其中的结构设计存在一定的差异，教师需要在设计教学内容时注重中华优秀传统文化的传播，并将这一内容与教学工作进行有机融合，使学生能够在语文学习中形成相对稳定的内在品格，培养学生的爱国情怀。例如，高校可以定期开展教学讨论会议，教师共同对教学内容进行整理，并在其中融入适当的传统文化知识；在课堂教学过程中教师可以为学生多讲解一些经典的文学著作，开阔学生的视野，提高教学成效，充分发挥大学语文教学具有的丰富学生人文知识素养的作用。

由于教学氛围对学生学习积极性有一定的影响，为了进一步提高教学的科学性，教师在设计教学内容时要将文学、哲学、历史、思想道德等内容融入其中，并对教学结构进行优化调整，使教学工作具有培养学生道德素养的功效，并在潜移默化中提高学生的民族自尊心和文化自豪感。部分古代文学作品具有较高的精神品格和理想，为了使教学工作达到丰富学生人文知识素养的目的，需要在教学中增加古代文学作品，因为非中文专业学生的古代汉语知识相对欠缺，以此来提升学生的古文素养。例如，教师可以将《典论·论文》《左传·襄公十四年》等具有高尚理想的文学作品融入教学工作中，以发挥出大学语文教学立德树人的效用。现代文学中同样有许多人文素养极高的文学家，如鲁迅、茅盾、巴金、老舍、曹禺等，他们的作品是人文素养教育不可多得的典范。还有部分当代作品展示了社会中的矛盾与人文知识，为了丰富教学内容，教师在设计教学内容时可将这部分文学作品融入其中，使学生能够进一步提高人文知识素养。

由于大学阶段的语文教学工作具有德育功能，学生能够通过相关文本了解文章中的价值观、人生观等。教师在这一阶段可以对学生进行适当的引导，使其树立正确的信念，构建丰富的精神世界。实践证明，空洞的政治说教是苍白无力的，潜移默化的精神感化犹如春风化雨，润物无声。此外，在教学中为了发挥出大学语文丰富人文知识素养的作用，需要有针对性地选择教材内容。例如，教师可以选择《离骚》《苏武传》等内容对学生进行爱国主义教育，能够丰富学生的人文知识素养，并促进其提高道德修养。由于大学语文教育具有理想情操教育的功用，教师在教学中选择适当的内容能够帮助学生树立正确的人生观，并提高其为人处世的能力。大学阶段的语文教学还需要对学生进行语文基础教育，提高学生的语文综合能力。因此，教师需要合理选择文本内容，并帮助学生自主思考自身的不足，弥补缺陷，夯实基础，完善知识，提高文化素质。

第三章　大学语文的功能与教学目标

第一节　大学语文是母语高等教育的主渠道

一、母语及其教育的内涵与价值

母语不仅是一个民族重要的交际工具，也是一个民族文化和文明的载体；是民族生存与发展的根本，是凝聚民族情感和维护国家统一的黏合剂。它不仅是民族文化的载体、交流沟通的工具，更是一种直接诉诸情感并永远影响人们的文化归属意识、文化认同感乃至世界观、人生观、价值观建构的媒介。它既是民族的象征、民族的符号，也是民族的旗帜和民族的命脉。

中国的母语是汉语。汉语记录着中华民族的辉煌历史和灿烂文化，并且不断地对中华文化和历史予以积淀、传承和发展，既推动着中华民族的持续发展进步，维系着民族情感，又有力地促进着世界文明的交流、发展和进步。

汉语是世界上具有悠久历史的语言之一，记录了丰富的思想、文化、科技成果。在其历史发展进程中，为适应时代和社会的需要，汉语不断更新，不断吸收新的思想、文化和科学技术中最优秀、最先进的要素，是世界上最有历史积淀、最具时代性和革命性的语言，有力地带动了中国社会发展进步以及和世界科学与文化的交流。

汉语是世界上使用人口最多的语言之一，它被世界上 1/4 的人口使用，是中国、新加坡的官方语言，也是联合国六种工作语言之一。汉语主要流通于中国、新加坡、马来西亚、缅甸、泰国等亚洲国家，以及美国、加拿大、澳大利亚、新西兰、日本等国的华人社区。

汉字是一种意音文字，兼具表意和表音功能。从文字形态看，直观形象，组合自如，集形、音、义于一体，具有丰富的意蕴和表现力。以"六书"为源不断滋生繁衍，形如物象，声如钟磬，音韵铿锵，充分显示出中华民族丰富的智慧和创造力，记录着中华民族思想的律动，洋溢着人文的气韵，闪烁着哲理的光华。如陶渊明的组诗《饮酒（其五）》一共 50 个字，既写出了诗人摆脱世俗烦恼后的感受，表现了诗人鄙弃官场，不与统治者同流合污的思想感情，又写出了南山的美好晚景和诗人从中获得的无限乐趣，表现出诗人热爱田园生活的真情和高洁人格，充分体现了陶渊明归隐后适应自然的人生哲学。

母语教育有广义和狭义之分。广义的母语教育指通过母语进行的各种各样的教育，包括文化、科学、艺术、历史、哲学、道德等的教育，既有来自家庭、社会的母语教育，也包括学校的母语教育。狭义的母语教育指本民族的语文教育，即一个人最初学会的一种语言，在一般情况下是本民族的标准语言。与别的语言学习不同，母语教育具有得天独厚的环境优势和文化优势，既赋予一个人一种文化，又赋予一个人熟练驾驭思维语言的能力，还赋予一个人一种民族精神。每个人一生下来，就被一个纵横交织的来自家庭的、学校的、社会的教育氛围和环境包围着，在一个自然的、自己民族的、有血肉联系的母语环境中学习和成长着，其文化的影响力和思维的优势是其他任何第二语言都难以相比的，是一种立体的、全方位的、渗透在骨子里的教育。母语学习过程是一个人接受民族文化浸润的过程，是智慧生成、精神培育和心灵成长的过程，每个人都是通过母语而逐渐进入社会，拥抱世界并最后实现一己价值的。

二、大学语文与母语高等教育

在基础教育阶段，母语教育是基础教育中的基础——既是学生学好其他课程的基础，也是每一个学生全面发展和终身发展的基础。而母语高等教育就是大学语文教育，除了以鲜明的形象、优美的语言和丰富的人文内容提高大学生的语文素养，陶冶他们的思想和情操，提升他们的精神境界外，其最高目标就是深度认识中华文化，确认我们的文化身份，巩固民族共同体成员的文化认同。只有通过对母语的深入学习和理解，才能更深刻地认识和了解中国的文化、中国人的思维、中国人的精神特质等。以此为根基，才能更好地吸收其他文化。因此，大学语文教育具有"培根固本"的特性，它承载着使一代代青年不断提升母语素养、成为民族精神传承者的历史使命。

然而，很长一段时间以来，由于受西方文化的冲击和境外学习交流潮流的影响，英语在我国成为热门专业，学校普遍开设，培训机构层出不穷，英语学习热潮对母语教育产生了不小的影响。比如，在广播电视大学系统所开设的近百个专业里，无论本科还是专科，其公共基础课模块中都有英语，而且是6个学分。在普通高校，有很长一段时间，英语四、六级考试与学位证直接挂钩。于是，在大学的自习室里大多是拿着英语资料埋头苦学的人。而在母语运用上，不少学生不仅写作能力差，有的大学生甚至编不出一份简报；有些学生连口语表达能力都达不到基本要求，常常辞不达意；一些学生在答辩、面试、应聘等场合无法准确、清晰地进行自我推介，无法与人才需求方流畅地交谈。

类似的情况在日常生活中屡见不鲜，由此也说明学生母语素养的缺失，长此以往，后果将十分严重。而要改变这种局面，就要加强大学阶段的语文教育。因此，一般高等院校开设了大学语文这门母语教育课程，其承担的就是母语高等教育的重任。

三、大学语文有益于提升学生的母语素养

母语素养包含语言文字素养、文学素养和阅读理解能力、书面表达能力、口语交际能力等。大学教育与中小学教育的最大不同就是：前者由以教为主升级为以学为主。大学阶段的学习，不再是基础教育阶段的连轴转。进入大学后，学生不再有高考的压力，而有了相对的自主权，有了更多属于自己的时间和空间。语文的学习可以不再是为了应付考试，不再是以条分缕析为基础的止于表面、止于局部的肤浅的语文知识学习，而是全身心地进入作者的心灵世界去感知感受和感悟的深层次学习。学生可以广泛阅读，用心写作。

大学语文是大学生语言文字素养提升的有力保障。据调查了解，当前大多数高中生认为语文课是用来积累与高考有关的语文知识的，学习了规定的篇目，掌握了相应的语文知识就算完成了学习任务；对语言文字不进行深入的感知、理解和记忆，不注重语言的储存和语感的培养。教师在课堂教学设计中以做题、解题为主，不惜花费大量的时间和精力去研究出题考查的知识范围、能力范围，研究不同内容、不同题型的应对策略。长此以往，学生负担加重了，学习语文的兴趣在题海中日渐消逝了，以致进入大学后，不少学生的知识面、阅读面窄，表达能力欠缺。同时，由于电脑和智能手机的普及，许多大学生平时很少用笔写字，提笔忘字的现象更是屡见不鲜。要改变这种状况，弥补中学语文教学的不足，大学语文的教学至关重要。要让学生走近语文，感受语文，爱上语文，而不是厌恶和拒绝语文。改变学生因为中小学语文课程要归纳段落大意、中心思想而产生的对语文的抗拒心理，使学生真正走进语言王国，感受语言之美、语文之美，字、词、句的积累便会水到渠成。让大学生在语文学习中，自然爱上阅读，走出教材的理论圈子，不断拓展与延伸，在海量的经典文学作品中熏染;再加上教师的适当引导和点拨，辅之以相关的演讲、朗诵、读书笔记撰写等，其语言文字素养的提升自不待言。

　　大学语文是大学生语文能力提高的有力支撑。所谓能力，就是完成一项活动所需具备的个性心理特征，而语文活动是运用语言的活动，故语文能力就是运用语言的能力，既包含阅读理解能力，也包含书面表达能力与口语交际能力。基础教育阶段的语文教学，由于难逃应试教育的藩篱，重在让学生习得语文知识，培养应考能力，却未能让学生很好地体验和感悟文本。

　　语音、语法、语汇、修辞等固然是语文教学的重任，但这仅能引导学生认识语言，习得语言知识，而语言的运用主要依靠的是语感。语感是语文能力的核心，因为"语感是一个社会的人对具有认识、情感内容的言语对象的全方位的感受与反应。直觉的语言知识，虽是语感赖以存在的必要基础，但语感毕竟不只是一种语言知识，还是与人的观念、人的情绪相交融的，既有语言的因素，也有认识的情感的因素；不仅是对言语对象在语言知识方面正误的判断，也是对其内容的真伪是非与形式的美丑的判断。既没有抽象的不表现任何认识内容和情感因素的话语，也无法使语感游离于认识、情感之外"。叶圣陶先生也曾指出："语言文字的训练，我以为最要紧的是训练语感，就是对于语文的敏锐的感觉。"概而言之，语感就是一种对语言文字的艺术审美的感受力和浑然天成的驾驭力。比如，"我们理解文章，或者写文章，语言的运用往往是下意识行为，自己说不清是怎样理解和表达的，更说不清是运用了哪些手段、技巧等知识的结果""一个人语法知识掌握较好，逻辑学也学得不错，但文章不一定写得好、理解力不一定很强""个人对话语和文章中的字是否错别、用词是否准确、语法是否正确规范等，不需要分析思考就能下意识地作出判断"，其原因何在？就在于语感不一。

　　语感强的人往往对词语搭配、词语的感情色彩、文体色彩、风格色彩的合适与否，能够不假思索地识别出来。语感随着言语经验的丰富而增强，随着积累程度的加深和数量的增多而提升。我们的大学语文教学就是要致力于提升学生的语感，帮助学生获得自如地驾驭文字的能力和本领，让他们在语言运用的过程中感受到自信和愉悦。语感是语文能力的关键所在，怎样获得和培养语感呢？李海林认为，语感的获得有两种方式，分别为"自然言语实践"和"自觉言语实践"。所谓"自然言语实践"，即通过大量的言语作用于主体，当积淀到一定程度时，即出现"书读百遍，其义自见"的效果。而"自觉言语实践"乃为一种有目的、有计划的实践，是在教师的指导安排之下去感受、操作和巩固，从而内化为一种固定的行为结构模式和心理反应机制。

对于大学生而言，不像在中小学时完全受控于学校和家庭，完全拘泥于教材，完全依赖老师和父母，大学阶段其语感的培养和提升较中小学有更为有利的环境。其一，大学语文课程的学习，是在教师引导下的语文实践，读书是积累知识的最好方式，在教师的指导下学生广泛阅读文化经典。书读多了，其中的精彩句段、动人情感等，融会贯通后自然变成了自己的东西，形成新的观点，久而久之，良好的语感自然形成。读起文章来，会有自己的理解；写起文章来，也就落笔成文，正所谓"读书破万卷，下笔如有神"。其二，大学时代是学生思想走向成熟的关键时期，随着其自身的认知水平不断提高，心智不断成熟，可以涉猎的书籍、可以领悟的程度都在拓宽加深，即便是原来接触过的作品，大学时再静心研读，又将获得新的认知、新的感悟。其三，大学的环境与氛围为学生语感的培养和提升提供了更为广阔的天地，各类社团、各种活动等都可以让学生将自己的语言积累通过说和写表达出来。

大学学习虽然专业不同，但有一个共同的特点，就是都要表达和写作，其中只有量的不同以及程度上的差异。文科学生一般来说写作多一些，也复杂一些，而理工科学生写作相对少些，也相对简单一些。写作包括读书体会、论文、发言稿、借条、书信等，不夸张地说，从语文的角度来说，当今大学生包括研究生写作多数都不合格。很多老师指导学生论文，其实根本就不是指导专业问题，而是指导语文问题，包括标点符号、错别字、用词不准确、语句不通、结构框架不合理、条理不清晰、中心不明确等。很多教师都有一个共同的感受，那就是写作时，语文好的学生指导起来相对轻松；语文不好的学生，指导起来则比较吃力。而不少大学生表达能力与沟通能力不足的现状，也引起了社会各界的广泛关注，尤其是部分大学生人文素养的缺失则更值得重视，长此以往，将会影响中华文化的传承。因此，大学语文的困境和教学对策也随之成了高等教育界关注的问题，我们必须找出问题的症结，并找到行之有效的办法，以充分调动学生学习的积极性。

第二节　大学语文是传承中华优秀传统文化的好平台

文化是一个国家、一个民族的灵魂，是民族生存和发展的重要力量。文化兴则国运兴，文化强则民族强。人类社会的每一次跃进，人类文明的每一次升华，无不伴随着文化的历史性进步。博大精深的中华优秀传统文化是中华民族不断发展壮大的精神动力，是中华民族的"根"和"魂"，积淀着中华民族最深层次的精神追求，呈现着中华民族最深刻的精神印记，代表着中华民族独特的精神标识，为中华民族生生不息和发展壮大提供了丰厚滋养，激发了中华民族强大的民族生命力、凝聚力和创造力，推动着中华民族不断地向前发展。

实现中华民族的伟大复兴，最重要的就是民族精神和民族文化的弘扬。弘扬文化的最好方式就是传播，传播的最佳途径就是教育。大学阶段，以提高学生对中华优秀传统文化的自主学习和探究能力为重点，培养学生的文化创新意识，增强学生传承与弘扬中华优秀传统文化的责任感和使命感。深入学习中国古代思想文化的重要典籍，理解中华优秀传统文化的精髓，强化学生文化主体意识和文化创新意识；深刻认识中华优秀传统文化是中国特色社会主义植根的沃土……在课程建设和课程标准修订中强化中华优秀传统文化内容。围绕中华优秀传统文化教育的主要任务，适时启动课程标准修订和课程开发的研究论证、试点探索和推广评估工作。

　　传承文化是学校教育的共同目标和任务，大学也不例外。相较于其他学科，大学语文在传承文化方面的作用最为突出也极为重要。因为大学语文既是我国古今文学精品的荟萃与结晶，也是中华民族文化的荟萃与结晶。大学语文学习的过程，就是感受、理解民族文化的过程，也是确立和巩固民族文化认同的过程。通过对中国语文的深入学习和理解，可以更深刻地认识和理解中国，认识和理解中国的文化、中国人的思维、中国人的精神特质；只有以此为根基，才能更好地吸收并融合外来文化。随着我国经济的持续发展和综合国力的增强，政府对文化建设越来越重视。在这种情况下，对大学生进行语文能力培养和素养教育的紧迫性与重要性也日渐凸显。

一、大学语文教育可以提高学生对传统文化的认识

　　大学语文教学内容是精彩纷呈的文学作品，其中蕴含着大量传统文化元素，透过这些作品，可以引导大学生对中国文化加强了解，提高其对中国传统文化的认识。尤其是古代典籍的学习，可以帮助学生进一步了解中国传统文化中值得弘扬和吸纳的民族精神与民族智慧，可以让学生逐渐懂得中华优秀传统文化的自身特色。

　　正是中华文化的优秀基因使得五千年的中华文明从未中断，而且具有永续的传承性和永恒的生命力。"明明德、亲民、止于至善""格物致知""正心诚意""修齐治平"这些思想观念，已经成为中华民族内在的特质秉性与文化标识，充分展示了中华优秀传统文化的价值追求和人格理想，奠定了中华民族的文化性格、行为方式和家国情怀，成为中华优秀传统文化最具生命力的精神基因。

二、大学语文教育可以增强学生弘扬中华优秀传统文化的责任感

语文之"文"，不仅仅指"文字""文章"，还蕴含"文化"之义。因此，大学生学习语文，就不仅仅是语言知识的学习、语文文本的阅读，更重要的是要学习文化知识，提高文化素养，受到文化熏陶。中国语文，尤其是中国古代诗文，本就融文、史、哲于一体，作者大多是借助文学来表达内在的思想主张、道德观念与精神追求，其中蕴藏着丰富、深厚的中华传统文化宝藏，文化始终与语言文学水乳交融般地联系在一起。因此，大学语文教学过程中，融入优秀传统文化内容，可以有效地发挥优秀传统文化的育人功能，进而达到润物无声、化人无痕的人文教育效果。

在学习语文的过程中，学生可以感受到许许多多文化人物的思想与情感。"独立不迁"的屈原，"我以我血荐轩辕"的鲁迅，透露出的是刚正勇直、坚毅执着的情操；"采菊东篱下"的陶渊明，传递的是淡泊名利、宠辱不惊的名士风范；"安得广厦千万间"的杜甫，"我对这土地爱得深沉"的艾青，有着关心民生疾苦、仁爱深广的爱国情怀。这些无不体现了中国传统文化的精髓。

三、大学语文教育可以有效地培养传统文化的爱好者和传承人

培养优秀传统文化的爱好者和传承人，是进一步弘扬优秀传统文化的关键。只有将弘扬传统文化外化为个人的自觉行为，才能使这一行为保有恒久的生机和活力。

中国新时代的大学生肩负着振兴中华的伟大历史使命，有责任和义务了解本国传统文化，传承、弘扬和创新优秀传统文化。近年来，西方价值观及社会思潮对校园文化造成了一定的冲击，部分大学生对中华优秀传统文化根本精神

的时代价值以及现代性转化产生了质疑。对于已经具备了独立思考能力和分辨能力的大学生，在这种经济全球化的宏观大环境下，有必要对其进行中华优秀传统文化教育，积极引导他们对中外文化主动自觉地进行批判性继承，坚持"不忘本来、吸收外来、面向未来"的原则，做先进文化的学习者、传承者及践行者。帮助大学生积极了解传统文化，能够促使他们有效夯实传统文化的基础，提高他们的认知水平，能够增强他们的民族自信心和自豪感，使他们更加热爱祖国，为祖国的繁荣与发展作出贡献。引导大学生积极分析传统文化，有助于他们更加准确地认识具有五千年历史的祖国文化，挖掘出优秀传统文化的当代价值和现实意义，有利于筑牢与激扬他们的精神信仰和价值追求，为更好地担负起国家发展重任做好准备。

大学语文作为"道器兼容"的学科，在培养大学生阅读理解、形象思维与表达交流等能力的同时，始终渗透着中国传统文化教育。大学语文教学中所选的文章基本都是文学经典，内容涉及广泛。不论是先秦的诸子散文、历史文学，还是古代诗歌、小说、戏曲，其中蕴含的思想观念、人文精神、道德规范等，至今依然闪耀着智慧的光芒。无论是针对个体的修身之道，诸如求同存异、和而不同的处事方式，文以载道、以文化人的教化思想，天下兴亡、匹夫有责的担当精神，精忠报国、振兴中华的爱国情怀，崇德向善、见贤思齐的社会风尚等，还是针对国家的治理之策，如"民为贵、君为轻、社稷次之"等，都蕴含于大学语文的教学内容之中。这些优秀的中华传统文化能够为大学生认识和改造世界提供有益启迪，可以增强他们的文化认同感与归属感，逐步形成文化自觉意识，确保中华民族的优秀传统文化代代相传、绵延不绝。

很多人认为，语文学习到中学毕业就基本上完成了，用不着再学习了。的确，对于普通民众来说，正常的高中语文水平就可以满足日常生活以及工作中的阅读和写作需要；但对于大学生来说，只有中学语文水平是远远不够的，不管是文科生还是理科生，思想文化素养都是非常重要的。我们深知，不论是过去还是现在，伟大的科学家都具有很高的文化素养。文化素质不高，可以做一个科技工作者，但绝不可能成为科学家。全面而深厚的文化素养和人文情怀，不仅有助于丰富科学家的人生，涵养科学家的性情，对他们的科学研究也是非常有帮助的。自然科学研究达到一定高度之后，其实比的就是思想文化，瓶颈不再是科学素养而是思想文化水平，要想取得更大的突破，达到更高的境界，往往不取决于科学研究本身，而取决于科学家的思想文化修养，取决于个人的人格品位、人生态度以及对个人和民族国家的认识与追求等。人文科学研究更是这样，达到一定程度之后，要想有更大的突破，往往不取决于专业知识和水平，而取决于文史哲思想的深度与厚度，取决于个人的人生境界，取决于人的情怀与胸怀。一个专注于名利的人，其学问的天花板是有限度的，只有胸怀无限宽广，学问才能足够深厚。而思想文化从某种意义上说就是语文的范畴，专业学习是有限度的，而语文学习是无止境的。

第三节　大学语文的教学目标

大学语文作为一门集工具性和人文性于一体的重要基础课程，当今却面临着重重困境，主要表现为两个方面：其一，课程地位的边缘化，在部分高校，大学语文由公共基础课变为选修课，由开设两学期缩减为一学期。其二，学生的学习兴趣缺失，学生的关注点和重心都放在了专业技能的养成上，忽视了语文素养的培养。这种局面的形成，既有外部的原因，比如当前大学教育的一些弊端，科学教育与人文教育的失衡、外语教育与母语教育的偏移等；也有其自身的原因，诸如课程的教学目标不够明确，教学内容不符合大学生的心理需求，教学方法的课程适应性及时代适应性不强等。其中，教学目标不够明确是首要问题。因为教学目标是教学活动的统帅，所有教学活动、教学过程都将围绕教学目标来组织和实施。大学语文到底该何去何从，大学生通过这门课程的学习究竟该获得一些什么样的知识和能力，我们应该怎样根据大学生的身心特点和已有的语文知识、语言能力水平，来确定与基础教育阶段有所区分的、真正切合大学生"最近发展区"的阶段性教学目标，这确实值得我们深思。依据美国当代著名教育家布鲁姆对教育目标三领域——认知领域、情感领域和操作领域——的划分标准，笔者认为大学语文的学习应该突破表层的语言运用，而实现其潜移默化的人文素质综合提升。

一、涵泳文学经典，提升语言能力

语言是人与人交流所必不可少的工具，不善于使用这个工具，就无法工作和生活。当前，我们国家正在由一个人力资源大国向人力资源强国迈进，语言是人发展所需的三种核心能力之一。人发展所需的三种核心能力包括：语言交际能力、计算能力和逻辑推理能力。其中，语言交际能力是现代人才必备的基本素质。它是一种综合能力，不仅涵盖了人内在的语言能力和外显的语言知识，而且涵盖了实际的、动态的语言运用和人际交流的能力。语言能力强的人往往在其他领域也有优异的表现，语言能力弱的人其他方面更难以有创造性的发挥。他们的全面综合素质，尤其是吸收知识和创造知识的能力必然大打折扣。语言交际能力不仅关系到每个学生的生存与发展，还将影响到一个国家未来的竞争力。而当今的部分大学生语言贫乏，叙事说理不得要领，且错误百出。要改变这种现状，提升大学生的语言能力，关键的一环就是培养学生高品位的语感，而语文教育的支点和主要任务就是培养学生的语感。

所谓语感，是人对语言的直觉感知、领悟、把握能力，即对语言的敏感。语感是语言交际能力的核心，语感的良莠直接影响到阅读能力、写作能力、口语交际能力和思维能力的高低。高品位的语感能使言语主体一听就清，一读就懂，一说就通，一写就顺，而且听得真，懂得深。作为学生，从踏进校门开始就接触古今中外的优秀文学作品，语感的培养贯穿于整个基础教育阶段，但对作品的全方位把握和深层次阅读与个体的生活经验和思维能力直接相关。因此，中小学阶段主要是语言知识的积累阶段，侧重语感和语言能力的初级培养。而对于大学生而言，随着人生阅历的日渐丰富和身心的日益成熟，则应该追求更高品质的语言交际能力，对文学作品的阅读应由"浅阅读"，过渡到"虚心涵泳，切己体察"的深度学习和体验。

"涵泳"就是沉潜于作品之中边读边思，边思边读，读和思交织进行，以达到对作品全方位的感知与领悟。用曾国藩先生的话来说，便是"涵者，如春雨之润花，如清渠之溉稻。泳者，如鱼之游水，如人之灌足，善读书者，须视书如水，而视此心如花，如稻，如鱼，如灌足，则'涵泳'二字，庶几得之于意，言之于表"。

古人云："书读百遍，其义自见。"宋人朱赛亦云："大抵观书先须熟读，使其言皆若出于吾之口，继以精思，使其义皆若出于吾之心，然后可以有得尔。"大学语文课程所涉内容、所选篇目都是文质兼美的典范之作，它们"抑扬顿挫的音韵、忽急忽徐的节奏、回环往复的旋律、曲折变化的意绪、波澜迭起的布设"蕴含着无穷的魅力。比如《谏逐客书》，虽为一篇实用文，旨在论证秦国驱逐客卿的错误和危害，但其充沛的理气、华美的辞采、流畅的音节、极强的理论说服力和艺术感染力，无不让人折服；而李煜的《浪淘沙·帘外雨潺潺》真可谓"语语沉痛，字字泪珠，以歌当哭，千古哀音"，一个极具亡国之痛和囚徒之悲的亡国之君的形象活脱脱地呈现在眼前。无论是诗、词、曲、赋，还是散文、小说，只要能静心涵泳，细细玩味，从字句入手揣摩、学习作者的运思脉络，其语言的神韵、义理，必然深深地印入脑海，最终以明达文义，窥得创作之神气。久而久之，高品位的语感自然形成，良好的语言能力指日可待，张口即是丽辞佳句、妙语奇言，而铺纸濡墨时，定当"胸藏万汇凭吞吐，笔有千钧任翕张"。

二、加强审美体验，构建理想人格

"教育的功用就在顺应人类求知、想好、爱美的天性，使一个人在这三方面得到最大限度的发展，以达到完美的生活目的。""求知、想好、爱美"亦即求真、求善、求美，此乃做人的最高道德标准。大学语文教学又将如何引领学生向真、向善、向美？必然是引导学生加强审美体验。"所谓'审美体验'，是指审美主体在审美过程中的情感体验，它是心灵的震撼、灵魂的洗礼。"作为一种富于情感的精神活动，审美体验是情感发展、丰富和升华的过程。在这一过程中，学生的情感与作者寄予的情感产生共鸣，在获得深层的审美享受之时，体验越丰富，感受就会越深刻，情感也就越强烈，而体验的终结是生成一种属于己的更深刻的情感。

大学阶段语文课的教学内容均是从古至今的经典篇章，而体验可以使文本在学生内心生成鲜活的形象，可以让与己无关的语言材料变为熟悉的、可以交流的，甚至是融入自身生命的存在。大学语文学习的过程是伴随着强烈体验的；而大学语文教学的过程，无疑是将这些体验加以细腻化、细致化的过程，让学生在优美深情的文字世界里徜徉，获得美的享受、获得无尽的滋养。

大自然的一切，经过颇具声色之美的文字的描摹，鲜活地呈现在读者的眼前，会不自觉地唤起学生对美好大自然的依恋与向往。无论是陶渊明流连的朵朵菊花点缀着的"悠然南山"，还是晏殊独自徘徊的"小园香径"；无论是"势拔五岳掩赤城"的天姥山，还是"飞流直下三千尺"的庐山瀑布；无论是"水尤清冽"的小石潭，还是"树林阴翳"的醉翁亭；无论是"碧玉妆成一树高，万条垂下绿丝绦"的春天、"云收雨过波添，楼高水冷瓜甜，绿树阴垂画檐"的夏日，还是"无边落木萧萧下""千山鸟飞绝，万径人踪灭"的秋冬；无论是"大漠孤烟直，长河落日圆"的壮观景象，还是"落霞与孤鹜齐飞，秋水共长天一色"的宁静画面，大自然中的山川大地、草木虫鱼、风花雪月等，经过文人的抒写，再经由教学情境的创设，将学生引入到一幅幅生动的画面之中，让他们带着对美的憧憬进入文章的情感世界，这样由景入画，由景生情，必定会使学生思维活跃，兴趣高涨。在拨动学生"美感琴弦"的同时，弹奏出审美教育的乐章。在情感和理智相融的和谐氛围中，不仅能激发学生特定的审美情绪，而且在学生心目中架起一座感受生活美、尽享艺术美的桥梁。这样的教学情境，让学生在尽享艺术美的同时，获得"只可意会，不可言传"的美育效果：语文知识得以内化，审美意义得以升华。

优美的文学作品不仅让人领略到作家笔下的自然之美与物象之美，更重要的可透过文字、物象，体悟作者所寄寓的情感。优秀的文人总是善于将对历史、社会、人生的深沉思考寄寓于文字之中，以游说辩驳、借古讽今、寄情山水等方式来传达个人的政治追求以及对社会、对人生的责任和使命。无论先秦诸子、"唐宋八大家"，还是屈原、李白、杜甫、辛弃疾、陆游等大家，均长于将劝谏之辞、除弊革新之意以及人生感慨、理想追求等寓于文章之中。读者在深入品味作品之时自然会体悟到作者的各种情感。如孔子"知其不可而为之"的积极进取；孟子"富贵不能淫，贫贱不能移，威武不能屈"的刚强；李白"长风破浪会有时，直挂云帆济沧海"的豪迈；苏轼"一蓑烟雨任平生"的旷达；范仲淹"先天下之忧而忧，后天下之乐而乐"的崇高；文天祥"人生自古谁无死，留取丹心照汗青"的赤诚等，都让学生们深深感受到古圣先贤们的博大胸襟和坚定节操。这种审美体验，已经超出单纯对语言美的感知层面，不仅能给学生美感，更能给他们思想的启迪；不仅可以让学生体味中华五千年文明积淀的美学境界，更能让他们找寻到铸炼灵魂的烈火、滋养他们自强不息精神的强大力量。

诗意境界、高尚情感的长期浸润，不仅能加深学生对作品以及作者情感的深入体验，更能让学生在浸润的同时受到情感的熏陶，并产生相似性情感，恰如何绍基所言："神理音节之妙，可以涵养性情，振荡血气，心头领会，舌底回甘，有许多消受。"（《东洲草堂文钞》）语文不仅可以提高学生的审美能力以及对社会的认知能力，更能促进学生美好情感的形成、高尚品格的养成和人生境界的提升。

三、增强人文底蕴，涵养科学精神

科学技术是人类社会快速发展的强大动力，而其良性发展与进步不仅需要科学精神的推动，也需要人文素养的支撑。诚如白春礼院士所说，科学家首先内心要有创造的欲望和激情，有时他可能从事如苦行僧般的科学研究，才能真正达到无悔追求、无私奉献的境界，人文素养与科学精神既是人类精神的内在组成部分，也是人类实践不可或缺的精神动力。若科学精神与人文精神割裂，将会导致人与自然、个人与社会、人的物质生活和精神生活等的分化与对立，并导致环境污染、资源枯竭、气候变异、生态失衡、物种灭绝等等。人文素养与科学精神协调发展，才能促进社会的健康发展和个人的精神完善。

人文底蕴是现代文明人的基本标识，而科学精神是现代人的基本品格。人文底蕴与科学精神是现代文明人的必备要素，人文底蕴的形成与积淀并非一蹴而就的，而是需要人文知识的日积月累和将人文知识内化为个人的修养与品格。人文知识的获取是拥有人文底蕴的基础，而文、史、哲是人文知识的基本来源，转化为课程，即主要是语文、历史与哲学，尤以语文课为主，其贯穿基础教育的始终，且一直延伸到大学。

语文既是交际工具，更是生命符号，是人类以之传递事、理、情、志的载体。大学语文的教学内容是中华几千年累积的名著与名篇，从《诗经》《离骚》《古诗十九首》到《静夜思》《西厢记》《窦娥冤》，再到现代的《再别康桥》《面朝大海，春暖花开》；从《论语》《孟子》《庄子》《墨子》到《西游记》《红楼梦》，乃至今天的《平凡的世界》《活着》等，无论是中国古代诗词曲赋、现代的朦胧诗，还是先秦诸子的主张、历史散文，唐代的传奇，明清乃至今天的小说，数不胜数的佳作美文不仅记录了从古至今社会生活的方方面面，也蕴含了人类的种种情绪、情感、意志、价值。对这些佳作美文的学习不仅可以让学生的语言知识日益丰富，还可以丰富其文学知识、历史知识、政治知识、艺术知识、哲学知识、道德知识等。随着人文知识的日益丰富，及在教师的引导之下，大学生将知识贯穿于行动之中时，知识即慢慢内化为素养，成为可以相伴终生的一种精神动力，其内在情怀与心灵境界将自然升华。于此，大学生对命运、尊严、存在的意义和价值将会不自觉地加以关注，会逐渐懂得追问个体生命的意义，追求个人价值的实现，崇尚独立人格和自由意志，从而形成以人为本的意识，自觉地维护和践行社会主义核心价值观。

大学语文教学不仅是引导学生感受语言文字的魅力，提升语言能力，同时，还将陶冶学生的思想情操，促成其良好的情感和价值品质的形成；也有益于培养他们独立思考的品质，激发他们的想象力和创造力，从而涵养其科学精神。科学精神的基础是理性思维，而建立在理性基础上的科学方法无法与人文的非理性因素绝缘，科学家客观理性地探索自然的背后始终隐藏认识主体的"自由创造"精神，科学研究同样需要信仰、直觉、顿悟、想象等"人文方法"。科学的"求真"思维也无法摆脱"向善""臻美"思维的深刻影响。

语文教学的首要任务自然是培养和提高学习者的语言能力，而语言能力和思维能力往往又是同步发展的。学习者在从语音、语调中获得美感的同时，可从语汇中获得知识，进而从语法中获得系统类推的逻辑思维能力。文学佳作名篇的最大特点莫过于其审美性，但其严谨的篇章结构也不可或缺，而章法的严谨有赖于思维的严谨、逻辑的严密。而文学作品中的夸张与想象，对培养学生的想象力与创造力更是大有裨益。"鹏之背，不知其几千里也。怒而飞，其翼若垂天之云"之奇思、"欲与天公试比高"之妙想，无不激发着学生的想象力。

四、弘扬优秀文化，增强文化自信

文化是一个国家、一个民族的灵魂。文化兴则国运兴，文化强则民族强。没有高度的文化自信，没有文化的繁荣兴盛，就没有中华民族的伟大复兴。法国结构主义人类学家列维·斯特劳斯曾对语言与文化的关系做过这样的归纳：从发生学的角度来讲，语言是文化的一个结果；从哲学的角度来讲，语言是文化的一个部分；而从人类学的角度来讲，语言则是文化的一种条件。语文是人类文化的重要组成部分，是传播民族文化和培养民族精神的重要载体。高等教育阶段不仅是大学生专业知识的学习阶段，而且也是其文化修养进一步提升的重要时期。大学语文教材的选文，其题材广泛，内容和形式丰富，不仅可以让学生欣赏到不同时期文学作品的艺术美，了解到中国历朝历代的历史、政治、经济、军事、哲学等诸多方面的内容，还能让学生在感受中华文化的博大精深的同时，提高其文化水平和自信心。

我国浩如烟海的优秀文学作品，有的以记事为主，有的重在说理，有的长于抒情，内容包罗万象，形式丰富多样。正因为如此，我们在品读不同时期、不同形式的文学作品时，不仅可以获得艺术美的享受，还能掌握中国传统文化方方面面的内容。诸如学习先秦诸子散文，不仅可以了解春秋战国时期散文之言简意赅、长于论辩的整体特点，还可以了解诸子百家的思想，如老子的辩证法、庄子的"无为"论、孔子的仁爱哲学、孟子的民本思想、荀子的"制天命"观、墨子的"兼爱——非攻"和韩非子的法制思想等。同时期的《左传》《国语》《战国策》等，则既可以让学生了解历史散文言辞的温雅生动，也可让其清晰地了解春秋战国时期政治、军事、外交等方面的真实情况。"一言以蔽之，'思无邪'"的我国第一部诗歌总集《诗经》，不仅写出了周初至周晚期约五百年间的风俗与民情，还涉及天象、地貌、动物、植物等方方面面，可以说是周代社会生活的一面镜子。有"史家之绝唱，无韵之离骚"之称的历史巨著《史记》，不仅是我国传记文学的典范之作，更是我国第一部纪传体通史。它能让学生品味到精妙的叙事艺术、精彩的人物刻画，并通晓中国从上古传说中的黄帝时代到西汉时期三千年左右的政治、经济、军事、文化。在中国文学史和世界文学史上绽放着奇光异彩的《红楼梦》，虽然写的是人间"悲喜之情、聚散之迹"，但更是一部清代社会生活史。

大学语文教材所选文本，不仅蕴含着丰富的文化知识，也渗透着独特的民族个性，更是丰富而深厚的中华优秀传统文化的积淀。品读经典文本，不仅可以引导学生加强文化修养，激发对祖国语文的热爱之情，实现文化的传承，还可以通过对经典文本的现代阐释与转化，引导学生达到古为今用的目的。在传播和弘扬优秀传统文化的同时，增强学生的文化自信，实现文化创新。

第四章　大学语文生态化教学实施

第一节　大学语文教育的生态学探究

一、大学语文教育的生态学内涵

（一）大学语文教育的生态哲学观

生态危机让人类从不可持续发展的价值观转为可持续发展。这是一种"哲学转向"，让"生态化"成为大学教育的新理念。人类既有责任和义务，又有必要和有可能通过大学教育的作用推动生态文明的发展。生态哲学扩展到其他领域，就是用生态和整体的眼光来看待各种问题，用生态化的思维去思考各种危机。生态哲学思维倡导"用整体、立体、动态的眼光看待生命和事物，弘扬跨学科的研究方法"。生态哲学有着丰富的内涵，从世界观和认识论的角度看，生态哲学或者生态世界观就是运用该生态学的基本观点和方法来观察现实事物与理解现实世界的理论。

生态系统理念是指在生态学里，"一切事物与一切事物有关"，也就是一切事物和现象之间都有一种基本的相互联系和相互依赖的关系。生态学理念中，生态的各种因素之间的作用和联系都非常重要，需要给予足够的重视。动态平衡理念认为，"现实和宇宙在根本上是运动的，结构是一种基本过程的表现形式，而且结构和过程两者最终也是互补关系"。因此，生态哲学强调的是动态的过程而不是静止的状态，把自然看成一个运动的过程，"这是生态哲学对现代哲学的一个贡献"。

生态圈理论是生态哲学的基本理论之一。自然界的各要素相互制约，实现了生态平衡，促进了生态系统的和谐发展。这就要求我们具有整体观，将大学语文教育看作一个有机整体，其中的每一个要素均具有不可替代的意义，发挥着各自不同的作用，共同实现生态平衡。在一个开放、有序、复杂的生态系统中，大学语文教育的各个生态因子相互作用，缺一不可，共同构成了动态平衡的生态圈，实现了教师和学生的平衡发展。

全面和谐发展是生态哲学的又一基本理论。生态学要实现的发展不是某一物种或某一区域的发展，而是全面和谐的可持续发展。因此，在大学语文教育改革过程中要致力于实现教师与学生的全面发展。教师要实现教学相长，学生要实现自我发展。学生的发展也不是某一类或某个学生的发展，而是全体学生的发展；不是学生个别方面的发展，而是身心等各个方面的全面发展。这就要求大学语文教育必须因材施教，针对不同学生的特点，采取具有针对性的教学策略和手段，促进学生的全面发展。

可持续发展是生态哲学重要的基本原理，要求我们既要考虑当代的发展现状，也要考虑后代人的发展前景，实现人类经济建设与环境的和谐发展。以可持续发展理论审视大学语文教育，即要实现教育目标、教育环境、教师和学生的可持续发展。生态学视野下的大学语文教育以促进教师和学生生命的可持续发展为本，关注个体的内在需求，注重生活体验，遵循教育的内在规律，共同创建动态中稳步前行的大学语文教育生态系统。

关于生态哲学的内涵，学界有着相当多的论述，但"整体""和谐""系统"是其中都能达成共识的几个基本观点。整体观可以说是生态哲学的精髓所在，世界在整体观的前提下成为一个整体。在这个整体中，主客体是可以相互转化的，且都是平等的，处在普遍联系之中；和谐观是生态哲学的落脚点，理想的生态世界是人与人、人与世界的和谐共处，追求的是生态圈的平衡。生态哲学的系统观认为世界是由大大小小的系统构成的，每个系统内部都自成体系，系统之间又互相联系。

生态哲学的产生与发展，为生态学以外的其他学科提供了一种新的思维方式和研究方法。对于大学语文教育来说，正是需要这样一种全新的理论视角，去探寻其失衡现状的成因，在动态中追求平衡，更广范围、更深层次地去研究大学语文教育。

（二）大学语文教育的生态学解读

在生态学的视野下来看大学语文教育，有以下几个方面的概念值得关注和解读：

1.通识教育与教育生态理念的契合

"通识教育"也称普通教育或一般教育，它是大学教育中区别于（或相对于）"专业教育"的一个概念。通识教育注重更广泛、更深入的有关人文、社会和自然的基本知识的教育、人类文化遗产的传播及其对学生人格的教化作用。用生存哲学和生命哲学的视野来理解教育对人的心灵、情感和创造的价值，通识教育是最好的教育方式。通识教育不是训练学生某一方面的技能，而是侧重于训练学生的有效思维。从思想上去提高学生表达、判断和鉴别的能力，并以此使学生的感情和理智都得到发展，从而有助于造就全面发展的人。

通识教育并不仅仅是一种课程类型，更不仅仅是一种培养模式。从生态学的角度看，通识教育实际上是一种教育理念，强调能力和心智的培养，专业教育和综合素质教育的均衡发展，人的人文素质与科学素质的和谐发展。这种教育理念本质上体现了生态的整体发展观。

2.素质教育是一种可持续发展的生态教育理念

从教育领域来说，可持续发展的教育作为一种追求生态平衡的教育，既要满足当前社会对教育的需求，又要满足未来对教育的要求。那么，从教育指向来说，能够实现可持续发展的教育，只能是素质教育。

素质教育的核心是以人为本，致力于使学生具有初步的创新精神、实践能力、科学和人文素养以及环境意识；具有适应终身学习的基础知识、基本技能和方法。在生态学理念中，人是自然的人，教育需要尊重人的自然性与习性，也就是尊重生命。因此，素质教育的本质就是回归生命本体的教育，一种可持续发展的生态教育。

教育生态平衡要实现，就必须全面推进素质教育。因为只有实现了教育生态的平衡，才能实现真正意义上的素质教育。对大学语文教育来说，也必须是素质教育。只有实现可持续发展的教育，才能实现人的全面发展这一教育目标，也才能让大学语文教育既满足当下又着眼于未来。

（1）大学语文教育必须遵循可持续发展规律

可持续发展理念要求大学语文教育不仅仅关注教育本身，更要注重与社会、经济、文化等各个方面各个领域的连接与协同，只有素质教育能让彼此都达成可持续发展的共识，并共同努力，促进整个社会的可持续发展。

（2）大学语文教育必须瞻前顾后，放眼未来

立足当下，追溯历史，是大学语文教育的眼前利益，但可持续发展理念倡导的是着眼于长远利益。因此，大学语文教育在教育资源开发、教育环境的营造、教育关系的建立等方面，都要既考虑教育的现状，更注重教育发展的未来方向。这是素质教育的必然发展方向，更是面向教育未来的责任担当。

（3）大学语文教育必须致力于人的可持续发展

可持续发展教育不仅应当关注整体的可持续发展，而且应关注系统内每个个体的可持续发展。素质教育正是从每个人的需求和特点出发，追求长期的、全面的发展。这种发展既要满足个体眼前的利益需求，又要保证将来的个性完善；既要满足个体的物质需求，又要保证精神的满足。

3.母语教育是大学语文的根本生态属性

母语是一个民族文化的纽带和载体，是一切学习教育的基础，也是人类与社会之间、人与人之间最自然的语言。母语是自然生成的，与自然环境之间有着天然的、紧密的联系。母语教育是一种最自然的基础教育，来自生活，用于生活。生活就是一种生态，是自然、社会与人结合起来的统一生态。作为自然生态环境下的母语教育，重视教育和生活之间的紧密关系，把教育看作是师生的生命自由、自然绽放的活动，是一种没有刻意做作的、率性而为的生态过程。母语教育也是大学语文教育的理想教育模式，体现了一种和谐的教育生态理念。母语的教育资源无处不在，母语是交际的工具，是表情达意的工具，也是人认识生活，参与生活的工具。

母语教育的学习过程与日常生活是交融在一起的。人的成长过程，就是母语的学习和使用过程，自然规律与教育规律必须和谐相处，彼此促进，而不是互相阻碍。不论表达、接受与传递怎样的文化教育和从事怎样的活动，都离不开母语这一交际工具，母语文化的大环境自始至终伴随着学生的一生。因此，母语文化是在不断发展的，母语教育是在持续进行的。母语教育也只有建立在学生的生活经验基础上，才能激发这门学科的活力，才能激发学生学习这门学科的活力。

二、大学语文教育的生态因子

大学语文教育生态系统的生态因子有很多，任何与大学语文教育相关的教师、教室、教材等都是其中之一。而对于大学语文教育的良性生态因子，根据失衡问题的分析，研究认为主要包含教育主体、教育资源、教育过程、教育环境、教育关系、教育规律等。教育主体、教育资源和教育过程侧重于大学语文教育体系内部的建构与完善，教育环境、教育关系和教育规律则指向对大学语文教育有较大影响的因素分析和利用问题。

教育生态系统因子中，教育生态主体和教育生态环境是两大不可分割的部分，也是一个由多种生态因素组成的复杂整体，它们都对教育者和受教育者在教育活动中的认知、情感和行为产生影响，对教育活动进程和效果施加持续的系统干预。

因此，要讨论大学语文教育的良性生态因子，最重要的是考虑"两个主体"和"三个环境"。"两个主体"是指教育者和受教育者；"三个环境"是指自然社会环境、学校家庭环境、个体内在环境。除此之外，还有"两个关系"和"三种规律"。"两个关系"是指人与人的关系、人与环境的关系；"三种规律"是指自然规律、社会规律、教育规律。

（一）大学语文教育的生态主体

从生态哲学的意义上看，生态就是由生命要素组成的主体的自我成长和更新。而在教育中，这个生命要素组成的主体就是人。因此，大学语文的良性教育生态主体是人，目标就是培养人，使其成为生态自然的人，平等共生的人。

1. 回归教育生态主体的自然性

这里所说的"自然"不等同于古代农业文明中处于被动仅仅敬畏的"自然"，而是生态文明时代里主动生态化的"自然"。也就是尊重人的个体价值，尊重生命本身的意义，顺其自然地去引导，使之成为他应该成为的人。

（1）这是自然规律的根本要求

人是自然界的一部分，追求教育主体生态化的自然，是顺应自然规律的必然选择。这要求大学语文教育重视人的自然属性，不能过多地去干涉和破坏人与自然的和谐共存与发展。

（2）这是人和谐发展的真实需要

人本身是由具有自然性的生命要素构成的，人的发展与自然规律、自然环境、自然因素息息相关。要达到人的和谐发展，就需要在教育过程中主动发现和把握人的身心发展的自然特点，遵循其自然发展规律，积极寻找人在教育中的生态位。生态心理学等研究人类身心规律的学科不断发展，为大学语文教育目标的生态自然提供了有利条件，这就要求大学语文教育关注情感熏陶，尊重个体的生态差异。

（3）这是社会发展对教育的时代要求

当前社会主义和谐社会的建设对高素质的生态型人才提出了要求，这种人才的核心特征就是身心和谐，有强烈的生态理念。人们在社会生活中，除了成为某一行业的专家外，还应具备与其职业活动及生活方式相关的自觉环境保护意识。

2. 实现两个教育生态主体的平等共生

大学语文教育生态系统的主体包括教育者与被教育者。二者的相互共生，是教育生态平衡的关键要素，教育者和被教育者在教育系统中互相依存，相互作用，且能够彼此转换。

首先，教育者的客体化。大学语文的教育者首先应该是个受教育者。母语的学习是终身的，教育者对语文的学习也应该是伴随一生的。因此，在教育过程中，要求教育主体能主动意识到自己的客体化，并能够在大学语文教育体系中接受教育。其次，实现被教育者的主体化。受教育者在教育过程中不能始终处于被动接受状态，而应该成为学习的主体，主动学习。最后，实现教育者与被教育者的平等化。大学语文教育关系的三个层次，最低层次是教师主体化，较高层次是学生主体化，最高层次则是师生真正的平等。师生平等，也就是教师会教，学生会学，师生各自以一种理想能量的互动关系存在，既不失位，也不越位，共同协调，促进大学语文教育的和谐发展。在教育者与被教育者的平衡中，还要求社会给予足够的支持，建构起覆盖全社会的教育网络体系，让教育者和受教育者都有足够的社会资源支撑学习，而不仅仅限于课堂的教与学。

（二）大学语文教育的生态环境

1. 开放自主的学校生态环境

学校生态环境包括了学校以学风为代表的学习氛围，以教风为代表的教学氛围，以校园文化为代表的文化氛围。因此，大学语文教育需要营造一种开放自主、以学生为本的生态环境，让学生自己把握学习的主动性；同时也需要营造一种教学相长、专心从教的生态环境，让教师在教学中展现价值，而不仅仅是传授知识的工具。转变办学模式，从教育管理理念上树立起大语文观，与学生家庭及其他高校等社会各界形成整体效应。

2. 氛围融洽的家庭生态环境

家庭教育是大学语文的重要教育资源，家人也是大学语文重要的教育者之一，潜移默化地发挥着作用。作为母语教育，大学语文教育比其他学科更容易受到家庭因素的影响。家庭生活是大学生日常生活的重要组成部分，其在母语的学习和使用中占有不可替代的独特位置，因此，也成为大学语文教育重要的教育资源和实践平台。一个良好的家庭文化氛围，能有效达成大学语文教育的实际效果。

3. 健康稳定的个体内在环境

个体内在环境指的是受教育者个体内在的身体因素和心理因素。身体因素是比较容易理解的，健康的身体是学习的基础条件。同样，心理因素也是学习中有较大变量的生态条件。如今越来越多的人开始认识到健康的重要性，积极锻炼、打好身体基础是有效学习的先决条件和必要条件。而心理因素就较为复杂，包括需求、愿望、情感、认知、信念等。因此，大学语文教育在个体受教育者身上到底实效如何，兴趣、意志、性格和习惯都会起到一定的作用。

（三）大学语文教育的生态关系

大学语文的良性教育生态关系，主要分为人与人的和谐关系、人与环境的和谐关系。

1. 人与人的和谐关系

（1）平等和谐的师生关系

在生态系统中，师生关系不是教育者与被教育者之间的固定模式，而是可以互相转化的。在终身母语教育中，教师既是教育者也是受教育者。作为独立的生命个体，师生之间也应该是平等的。在大学语文教育生态系统中，最首要、最关键的就是师生关系，应使之平等、协调、合作、对话，互相促进、彼此交融。

（2）融洽和谐的亲情关系

教育从来都不只是学校和教师的责任，也是社会和家庭的责任。作为最重要的交际工具，母语在父母、亲人与学生个体的交流中有着举足轻重的作用，并对大学语文教育的外在系统发挥着作用。一个不重视语文教育并很少与孩子讨论语文素养、文化传承、审美体验的家庭，则很难激发孩子学习语文的兴趣和端正孩子学习语文的态度。

（3）合作和谐的生生关系

作为独立的生命体，学生在教育生态系统中也与其他个体之间有着相互影响的密切联系。在课堂上学生之间的关系比任何其他因素对学生的学习成绩、社会化和发展的影响都更强有力。因此，在大学语文教育中，需要组织和调动学生之间的合作精神，促进学生之间情感的交融和思维的碰撞。

（4）团结和谐的师师关系

教师个体之间的社会责任、社会权利和社会地位都是平等的，因此平等互爱是最重要的交际原则。这要求教师之间应该互相尊重、互相欣赏，在学生面前自觉维护其他教师的权威，给予其他教师的教学思想、方法和劳动成果足够的尊重。同时自觉营造好团结协作的氛围，让教师之间存在的意见分歧，能够通过交流对话的方式加以解决。一个积极向上、团结协作、理论联系实际的大学语文教师团队，对教师自身素养的提高、教育理念的提升、教学水平的加强都是有积极促进作用的。值得注意的是，教师处理同事关系的行为为学生与同伴群体、成人交往提供了参照，是学生学习语文的学校生活环境，学生往往会将教师之间的交往行为与语文教师传递的人际关系处理理念相印证。

2.人与环境的和谐关系

大学语文教育的生态环境前面已讨论过，不管是教育者还是受教育者，与社会、家庭、学校以及个体内部环境之间都存在着各种复杂的关系。普遍联系是生态哲学的重要观点，也是对大学语文教育优化的重要启示。这些复杂的关系包括范围非常广泛，例如从宏观来看，教师与政治、社会、经济背景之间的关系，学生与社会道德水平之间的关系，以及师生与高等教育发展之间的关系；从微观来看，师生与教材、课堂的关系，与网络社会媒体交流之间的关系等。环境是一个复杂的多面体，因此，人与环境之间的关系优化也是一个复杂的多元体系。这要求我们尽可能全面地去考察大学语文教育面临的各种环境要素，去分析各个要素对个体的正反作用，并对其权重有所判定。在具体的教学实践中能够全面、系统、动态地去看待每个要素，并着力于发挥其正面作用，抑制和规避其反面作用，这对大学语文教育效果也是非常重要的。

每一种生态关系都存在紊乱和协调、互补和对冲等状态。对生态关系的优化，就是让生态关系处于相对整体协调、互补共生的状态，而尽量避免紊乱和对冲相克。大学语文的良性教育生态关系，就是人与社会、学校、家庭之间的和谐共处，以及人与自身个体内在环境的和谐统一。

三、大学语文教育的生态特征

生态系统理念和动态平衡理念是生态哲学的基本理念，生态圈理论、全面和谐发展理论、可持续发展理论是生态哲学的三个基本理论，整体观、和谐观和发展观是生态哲学的三个基本观点。从这个理论基础出发，笔者认为大学语文教育作为复合生态系统有以下特征：

（一）大学语文教育的整体有序性

生态系统的整体性观点是生态哲学的基本观点。大卫·格里芬的有机整体论指出世界是一个网络，整体与部分、部分与部分之间相互包含。生态系统的整体性主要表现在其和谐、有序性且动态。那么，相应的大学语文教育生态系统也有和谐、有序和流动的特点。大学语文教育受到社会、文化、经济的环境影响，彼此适应，互相统一。大学语文教育内部的各个生态因子，如教师、学生、教材、教学法也是互相联系，彼此作用的。在大学语文教育的系统内部，还有多个子系统，这些子系统都有自己的位置和秩序，但同时不管是生态因子还是子系统都在动态变化中。这种和谐、有序和动态共同构成了大学语文教育生态的整体性特征。

（二）大学语文教育的普遍关联性

德国生态哲学家汉斯·萨克塞指出，生态哲学的根本任务就是告诉人们用广泛关联的整体观点看问题。生态学的前提是自然界所有的东西联系在一起的。美国生态学家巴里·康芒纳在其著作《封闭的循环》中指出，每种事物都与别的事物相关。生态系统的每一个环节都不是孤立存在的，必然与其他的环节互相关联，牵一发则动全身。因而，大学语文教育生态系统内部的每一个生态因子都是普遍联系、相互作用的，不可分割来看。每个生态因子的变化，都不可避免地会引起其他因子的变化，因此各因子之间需要互相约束共生，协调发展。

同时，生态因子与外部环境之间也是有联系的，大学语文教育与自然环境、社会文化、科学发展等因素都有着密切的联系，绝不能单单从大学语文的视角来看大学语文的问题和出路，必须结合起来研究。了解这一点，对我们全面把握大学语文教育的问题，建构优化的实施策略有着重要的意义。

（三）大学语文教育的过程共生性

大学语文教育生态系统具有协调共生的特性，而且这种共生是在系统中的生态因子互动的过程中产生的，包括系统内部的教育主体之间、教育主体与教育环境之间，以及大学语文教育生态系统与其他学科教育生态系统之间的共生和竞争。这种共生和竞争都是不断运动变化的，没有永远的朋友，也没有永远的敌人，一切都在动态的发展过程之中。

从这个意义上说，大学语文教育的生态因子之间是平等的，生态因子之间、生态子系统之间是可以正当、合理、良性竞争的，在过程中的协调共生，才能促进大学语文教育的全面、健康和可持续发展。

第二节　大学语文教育的生态课程建构

课程是一种微观教育生态，构成这种微观生态系统的生态因子有课程目标、教师、学生、教学内容以及教学方法等，因子之间平等和谐、互动共生。大学语文生态课程追求一种回归自然、崇尚自主、整体和谐、交往互动、开放生成和可持续发展的课堂，是学生学习、成长和完善生命发展、提升生命质量的平台，同时也是教师专业发展，走向成熟的舞台。

理想化的大学语文课程是师生之间交往互动，共同发展的过程，在一种平等、和谐、开放的教育微观生态环境里实现全面和谐的发展。根据对大学语文良性生态因子的分析，针对大学语文生态失衡的研究认为，大学语文生态课程的建构应从课程定位、课程设置、主体优化三个方面去努力。

一、大学语文教育的课程定位

（一）确立多维目标

生态课程观要求课程最终目标是为使学生能够与自然、社会和谐共处，并从中汲取力量、获得智慧，进而使其身心得到和谐发展。这种发展是系统全面的，不能简单地理解为提高语文表达能力或人文素养。大学语文课程的功能是综合性的，不仅是通过知识学习促进大学生人文素养的手段，而且与德育、体育、美育相互促进，共同完成对学生进行全面发展教育的任务。因此，大学语文作为一种素质教育，应具有更强的多维综合性，发挥语文教育对学生语言修养、文学修养、文化素养、人格品质、思维创新等方面的多种教育功能。

具体来说，首先是培养健全的人格，着眼于人的生存和发展本身，思考人的生命价值，获得自我完善、自由发展、平衡和谐的生存智慧；其次是要提升审美水平，引导学生通过自己的思考去提高对美和丑、崇高和卑劣、优雅和粗俗的感知力和辨别力；再次是培育情感，唤醒学生丰富、自由、敏锐的心灵，去关爱生命、关爱他人、关爱世界上一切美好的事物；最后是培养独立思维，在丰富的语文教学资源中引导学生自觉、自主地去关注和思考世界上的一致性和差异性、理性和非理性。

这些目标看似复杂多样，但其内在是辩证统一的，在教学活动中是无法完全分开单独存在的。只是需要在课程设置和实施过程中的不同阶段，根据不同学生的特点，通过不同的教学资源去实现。

（二）融合多元文化

生态课程观要求把课程看作一个开放的系统，这种开放性决定了大学语文的课程性质必须有多元文化的融合。

1.语文学科有独特的母语工具性

语文是所有学科的语言工具基础，任何一种科学文化的知识、信息、情感的传递也都必须以母语作为载体。而母语是需要终身学习的，因此，可以说大学语文课程在本质属性上就必然承载了各种文化。

2.语文教育从古至今都与各种文化交融

我国的语文教育历史十分久远，且一直与经学、文学、史学、哲学、伦理学等融合在一起。在现代，语文教育就是生活教育，生活中的所有文化都是语文教育的内容范畴。因此，也可以说语文教育内容的丰富性就体现了多种文化。那么，大学语文课程从内容上也应该是多种文化的体现，注重多元文化的彼此交融。

3. 大学语文是通才教育的重要部分

在现代社会里，竞争愈加激烈，跨学科的复合型人才备受欢迎。全世界都越来越重视对大学生实施通才教育，而大学语文课正是其中必不可少的重要一环。从教育的性质和功能上来说，大学语文也需要有意识地去融合其他学科的文化内涵，并有机地结合到语文教学中来。

（三）凸显民族精神

在人类的初等、中等和高等教育的三级教育之中，高等教育主要是精神的，侧重于发展人的内向度的精神品质，如自主精神、审美精神、信仰精神，并不断地指向自由。这不仅是人的发展规律所决定的，也是日益发达的现代社会对高等教育提出的根本要求。而一个民族把自己全部精神生活的痕迹都珍藏在民族的语言里。

在经济全球化的大背景下，全世界几乎所有的国家都在自然科学与人文科学等方面进行着激烈的碰撞和交流。这种碰撞和交流是开放性的体现，但同时我们也不得不提高警惕。

作为高等教育和母语教育，大学语文必须担负彰显民族文化、凸显民族精神的使命。这就需要我们注意挖掘民族文化中的精华，有意识地让学生认识、理解民族的优秀文化，并注重文学作品强烈的形象性、艺术感染力以及人格和道德的感召力，以此引导学生由衷地产生对民族的认同感和自豪感，从而将我们几千年历史沉淀下来的民族精神继续扎根和发扬。

二、大学语文教育的课程设置

（一）增加课时量，保障基础地位

要树立多元化和多样性的质量观，平等地对待每一位学生，为每一位学生提供适当的教育，促进学生的健康发展，促进教学水平的整体提升。

我们在积极引导学生正确认识大学语文课程的同时，更需要保障大学语文的基础地位，从国家层面给予更有力量的规范和指导，在各个高校开设大学语文，并作为通识必修课，要求各个专业的学生都要学习。

适当增加课时量，从大学语文课程本身的特点来看，主要应该在低年级开设，且至少开满一学期并保证每周4课时的教学量。注意在课时安排上给予语文教学一定的实践课时比例，让语文教学来自生活、回到生活。同时，可以适当增加一些学时进行生活化的写作和阅读训练，根据学科特点和地域特色创造性地安排一些语文实践环节。

（二）注重衔接性，凸显母语特性

从语文教育系统的纵向来看，语文教育系统应该是由学前语文教育、学校语文教育、学校后语文教育构成的。学前语文教育主要来自家庭教育，学校语文教育包括基础教育和高等教育，学校后语文教育则指的是从学校毕业后以社会交往为主的继续教育。这个语文教育系统体现了母语教育的终身性，也决定了语文教育的连贯性。

大学语文教育既是中学语文教育的承接，又是学生从学校毕业后语文继续教育的基础。它应当针对低年级大学生在义务教育和高中阶段接受语文教育后的实际水平，服从于各类高等院校非中文专业学习及其培养目标对学生语文素养的要求，面向全体非中文专业的学生，帮助这些学生切实提高语文修养和能力。因此，在大学语文课程安排上应该与中学语文有较密切的衔接性，不能与基础教育完全脱节。

（三）考虑差异性，区别设置课程

不同层次、不同地域和不同专业类型的大学院校在语文教育的功能和性质上是有差异的，学生的基础不同，接受能力和培养目标也有所区别。因此，在课程安排的时候也需要考虑这种差异性。

1. 教学目标的差异

理科偏重语言文字的基础运用，文科偏重文学作品的欣赏写作；高职高专院校偏重语言能力，本科院校更强调人文素养；高职院校重在发展和完善学生的知识结构，普通本科院校则侧重于培养学生的文化性和审美性。这种差异在适度的前提下是符合教学规律的。但需要有一定的尺度把握，有足够的考核监管。这就牵涉到了与之联系紧密的教学大纲等管理规范问题。

2. 教学内容的差异

如果一开始就给语言水平还不够的学生教授较为晦涩的经典文本，很明显会打击学生学习的积极性。以教材为主的教学内容的选择和安排，都需要根据学生的普遍特点来综合考虑，不能一概而论。因此，在教材编写上不适合全国统一版本，而应该根据高职高专、理工科、军校、医学院等不同的特点，编写有针对性的教材，满足学生对语文的基本学习要求，又能与专业学习紧密结合。

在安排具体的教学时，还可以结合更细小的专业分类、更明确的地域特色，使之与学生的生活更加相通，增加教学资源的针对性。例如，结合学校所在地增加民俗历史内容，结合艺术专业加大审美体验比重等。这需要教师在教学过程中去主动把握差异性，抓住学生的特点和兴趣，增强教学的针对性和实效性。

（四）激活创造力，稳定教师队伍

在大学语文的课程设置上应该充分给予教师队伍明确的地位，有专门的教研机构，有与其他教师一样的科研条件、收入待遇和晋升机会。从根本上改变大学语文教师队伍不稳定的现状。具体来说，在已经有公共教学部等教研机构的学校，在遴选、培训和考核等方面对大学语文教师的生态环境加以优化，激发活力；在大学语文还设有专门教研机构的学校完善体制，给予大学语文足够的重视，保障其基础地位，确保专职教师的基本比例。大学语文课程作为高等院校的基础课，课程设置应该更加专业化，更加符合学校和学生的特点，从根本上去逐步完善。

三、大学语文教育的主体优化

针对大学语文现状中师生关系的失衡问题，以及大学语文教师整体素养不高、队伍不稳定的问题，在生态课程的建构中，应该将教育的主体扩大化和多元化，体现不同生命体的丰富性和个体生命的价值。

（一）把握大学语文生态课程的教育主体特征

1.学生是不可替代的独特主体

第一，大学语文的学习只能是大学生主动进行的认知活动。教师的讲授、示范以及训练，都只有通过大学生自己的认识、实践、体验、内化生成，才能起作用；而这个过程也只有由大学生自己积极主动地完成，效果才能最大化。

第二，大学语文教育的主要目的是学生的全面发展。学生的全面发展正是建立在自己成为学习主体的基础上，完成人文素质的提高和精神修养的提升，实现教育的最终目标。

2.教育者的构成是丰富多元的

大学语文教育生态系统中的关系因子，决定了教师、同学、家人、朋友，或者一场讲座的主讲人、一场辩论的辩手、一部电影的编剧等，都可以成为大学语文教育的教育者。其中，教师、家人、同学、朋友因其人际关系的亲密程度，人际交往的频繁程度，成为学生个体最重要的教育者。这种多元的教育者观念，能让学生更有意识地去学习生活中的语文，提升学习效率。当然，教师仍然是教育中最重要的力量。

3.教育主体之间的角色可互换

教育主体指的是在教育活动中占主导位置的人，在大学语文教育生态化系统中，教育主体不仅是教育者，也是受教育者。教育者和受教育者作为生态因子是互相联系的，不仅互相影响也可以互相转换。教师是教育者的主要力量，但同时也是母语终身教育的受教育者。学生是典型的受教育者，但在合作探究性的教育过程中，又能因其对新生语言的敏感度，对网络文化的熟悉度，转而扮演教育者的角色。这种互换在生态系统中是正常的流动，对大学语文教育的健康发展也是非常有益的。

（二）塑造大学语文的生态型教师形象

语文教师是大学语文教育生态系统中最富有生命力的生态因子之一。作为教育主体的重要部分，教师自身的教育理念、言语行为、人格魅力、情感价值和专业素养对受教育者，也就是学生能产生重要的影响。因此，在与传统课程不同的生态环境里，教师需要重塑自己的形象，但这并不是要其完全放弃自己的主导地位。在具体的教学行为中，在丰富的师生互动中，关注生命价值，转换角色，丰富教学技能，树立自身的人格魅力，精心设计教学语言，因材施教，不断反思，才是大学语文教育生态对教师的根本要求。

1.转变教师的教学理念

教师只有先塑造自己，才能塑造别人，从传统观念中跳脱出来，形成开放的绿色生态课程观。

（1）率先树立生态意识

教师自身对生态文明、生态文化，尤其是教育生态学要有足够的认识和了解，这样才能把生态意识理解深化，从而内化到自己的教学活动之中。也只有真正树立了教育生态理念，才能正确认识目前大学语文的教育危机，正确认识教育生态系统的特点，把握大学语文教育系统的优化原则。用平等的眼光看待师生关系，用开放的眼光看待教学资源，用可持续发展的眼光看待教学评价，在教学中引导学生发挥主动性，确立生态意识，真正将大学语文课变成绿色生态课程。

这就要求大学语文教师不但要致力于一线教学实践，也要自觉学习和了解国内外教育生态学范畴的著作及最新的研究性成果，在实践工作中注重理论思考和总结，在理论学习和研讨中贯彻生态意识。

（2）正确认识教与学

传统的教学理念是教师主导，忽视学生在学习中的主体作用。苏联教育家苏霍姆林斯基说，在学生心灵深处无不存在着使自己成为一个发现者、研究者和探索者的愿望。在基础教育的课改作用下，这也是如今越来越受到大家认同的教育理念。

（3）关注生命教育

生态价值观认为生命价值才是最本质的价值追求，教育就是要回归和实现人的生命价值，提升学生的生命质量。因此，教师就需要最大程度地激发学生学习的潜力，回归和实现学生的生命价值，满足学生内在成长的需要。

生命教育是大学语文教育的内容之一，关注生命教育不仅能让个体在受教育的过程中学到相应的知识和技能，更重要的是让个体有丰富的生命涵养，能够与他人、社会和自然建立良好的互动关系。教师可以通过有丰富内涵的教学资源，引导大学生认识和理解生命的可贵；通过精心设计的教学环节，鼓励大学生珍惜和追求自身的生命价值；通过对文学艺术的审美体验，帮助大学生发现和创造生命的美好；通过形式多样的实践活动，培养大学生树立正确的生命态度和生命意识。

2.提高教师的综合素养

（1）重视自己的人格魅力

人格是教师的灵魂，对学生有着重要的影响。教师人格是指教师作为教育活动的主体，在职业劳动过程中形成优良的情感及意志结构、合理的心理结构、稳定的道德意识和个体内在行为倾向。

大学语文教师在教学过程中必须重视自己的人格完善和展现，以自身的人格魅力感染学生，言传身教。

（2）展现自己的独特个性

教师的职业形象，是其精神风貌和精神状态与行为方式的整体反映，包括道德、性格、气质、兴趣等内容。在长期的教学实践中，大学语文教师在学生中的形象过于整齐划一，偏向冷静理性，这既有教师这一角色固有的刻板印象，也有大学语文给予教师发挥的空间还不够广阔的原因。

教育是在一定社会背景下发生的促使个体的社会化和社会的个体化的实践活动。在倡导个体生命价值的语文教学中，不仅学生需要珍惜和发展其个性，教师也需要保持和展现自己的独特性。教师的个性展现对学生有着较强的示范和鼓励作用。对事件有自己的独立思考，对文本有自己的独到见解，这样的教师在教学中自然就会引导和感染学生不迷信权威，善于思考，勇于创新。

3.丰富教师的角色定位

语文学科自身的丰富性，生态教育决定的多样性，都让大学语文教师的角色变化多元成为必然。这要求大学语文教师遵循大学语文教学的规律，使学生的主体性得到真正释放，创造性得到真正发挥。同时，教师也应明确自身职责，坚持自身定位，不在社会变迁和教育危机中迷失方向，失去自我。

（1）思维的点火石

大学生的思维模式相对中小学而言已经趋于稳定，但在大学语文课堂上多数学生习惯于跟随教师的教学思维，没有机会或者不愿意让自己的思维活跃起来。这就需要大学语文教师通过精心设计的教学环节激发学生的思维火花，营造一种活跃的课堂氛围。做学生思维的点火石，而不是牵引者；激发学生个体的自主思考，而不是跟着教师的思维走。"抛砖引玉""一石激起千层浪"，这块"砖"和"石"应该就是大学语文教师首先要成为的角色。但必须避免的是，为了追求表面的热闹让形式大于内容，通过一些与教学目标相去甚远的教学设计和问题来制造讨论，偏离语文教学的轨道。

（2）课堂的导演

过去的大学语文教师像个主演，在课堂上要充分表演，通过自己的台词和肢体动作来吸引、感染和带动学生；现在的大学语文教师则是个导演，透彻理解剧本，精心设计镜头，明确表达目的，并善于采用丰富的语言和动作将学生演员带到课堂这个舞台，让学生自主地进行创作和表演，更深入地挖掘剧本的内涵和精髓，更生动地表现出作品的特色和灵魂。一个出色的导演，既要对剧本了如指掌，对舞台有整体把控的能力，更要对演员有足够的信心和耐心。同时，还要能敏锐地看出演员的问题，及时加以点拨和纠正。把课堂还给学生，给予学生发挥主观能动性的机会，在教学资源的选择、教学环节的设计、教学评价的设置上都充分尊重学生的意见，增加学生参与主导的比例。只有这样，才能让学生真正成为大学语文教育的主体之一，激发他们"表演"的热情和积极性，并在"表演"中加深对教学内容的理解和内化。

（3）学海的舵手

在大学语文教学中，教师还需要带领学生在茫茫学海里找到正确的方向，朝着更积极、和谐、全面的方向发展。

在实践中我们发现，有的教师为了营造活跃的课堂气氛，让学生充分展现个性，对学生在学习中的错误、局限、误解、偏差都一味地采取赞美和肯定的态度来回应。特别是在倡导以问题为导向的学习模式中，如果教师不及时地指出学生的错误和偏差，不提示和引导问题背后的深层次内涵，不升华和扩展问题的高度与广度，那么学生的语文学习就不可能达到融合多元文化、渗透主流价值观的人文教育功能。

因此，大学语文教师还要扮演好舵手的角色，在教学中把握方向，及时纠偏，将学生引向全面、和谐、可持续发展的彼岸。当然，也要避免教师介入过多。纠偏的时机和方式如何能让学生接受且达到最佳效果，也需要教师掌握更多的教学艺术并加以探索和实现。

第三节 大学语文教育的生态化教学设计

作为生态学视域下的大学语文课程，本质上是一种教育生态的微观系统，所以说教学是一个系统的过程，这个系统的每个生态因子，如教育者、受教育者和课程资源、课程环境等，都对教学效果起到至关重要的作用，需要用整体观、和谐观和系统观去看待。这种整体和谐系统观指导下的教学设计，必然是有多个环节，且每个环节互相联系，协同运作，缺一不可，以实现系统的稳定、和谐与平衡。因此，课程的准备、实施、评价、修改教学都是作为一个整体过程去看待，而不仅仅是课堂几十分钟的交互实施环节。整个系统中也不能过分强调任何一个环节的突出作用，但必须确定每一环节对实现预期结果所作的贡献。特别是，课程教学系统中必须具有非常有效的评价机制——评价系统是否能带来主动高效的学习，以及当学习失败时对系统进行修改的机制。

一、生态化教学目标的设计

根据生态课程的特性，大学语文的教学目标编写首先应有一定的弹性、可变化性和个性；其次强调知识的情景性和整体性，强调知识应在大语文环境中展现，学生应在完成真实任务的过程中达到学习的目的。

（一）根据学生的实际情况，弹性设计教学目标

不同层次的学校，不同专业的学生，都是有所区别的，这就要求教师在设置教学目标时要留有余地，能够有伸缩的空间。教学目标不完全等同于学习目标，因为学习目标是由学生自己确立的。因此，对教师来说，注意设计的教学目标与学生生成的学习目标有一定的契合度，非常重要。这就要求大学语文教师不能一次备课管好几年，不论哪个专业的学生哪个时间段都用同一个教案。

要与学生进行有效沟通，提前了解学生的需求和现状，也就是学生的学习能力起点，这是首先要做到的。在从多数学生的实际出发，根据大多数学生的"最近发展区"制订教学目标之后，也需要对个别特别优秀和相对落后的学生有所兼顾。也就是说，教学目标的设置应该在某种程度上富有弹性，允许个性化的区别。

（二）根据教学资源的实际情况，系统化设计教学目标

教学目标是一门课程目标的具体化。因此，在设计针对一篇文本、一个教学资源的教学目标时，既要围绕这个文本，又不能仅仅把眼光放在一篇文本上。"大语文"的教学观，母语教育的课程理念，生态课程的特点要求，都需要大学语文教师在设计教学目标时具有整体观和系统观，根据循序渐进的规律，根据语言学习的基本规律，根据教学资源的具体情况，有意识地将"这一课"放到一个单元、一个学段的时空中，以及放到一种语文能力、一个人的语文素养这样更庞大的体系中。因此，深入探究这个教学资源在课程体系中处于什么位置，有什么特点，能达到何种预期效果，与后面的学习有何种关系，是教学目标设计中需要注意的。

（三）根据对教学过程的关注，展开性设计教学目标

生态学视域下的大学语文研究认为大学语文教育重要的是过程，而非结果。在教学目标的设计中，不仅要预设教学效果，而且要将目光聚焦到学习过程中学生的行为表现和情感体验。这就要求大学语文教师认真研读，深挖教学资源，充分了解学生，在课程中设计一些能够引发学生思考和讨论的问题，激发学生的学习主动性。但同时，要注意不能将问题抛出来让学生自己去讨论出一个结果。这里所说的大学语文教学目标不应该总是确定的、必须达成共识的，而是在这个讨论的过程中使学生能够得到提升。要给学生留出展开的空间，这也是教学目标设计中就应该考虑的。

（四）根据学习者的表现，设计反思性教学目标

生态课程观要求教学目标是开放性的，这符合语文教学的特点。语文能力的提高不是一门课程就能做好的，大学语文教育的教学目标应该是具有一定开放性的，在这一文本中学生到底能获得什么，这不仅仅是教师的判断，还应该是学生的自我反思。而对于大学生来说，对自己的学习已经拥有足够理性的了解和判断。因此，大学语文教学过程之后的结果是教师要考虑到的因素，但教师也要关心学生在教学活动中做了什么，做的结果怎么样，以及学生对学习过程的感受和反思。也就是说，在教学目标设计时就要考虑让学生意识到自己在语文学习活动中做什么，以及做的结果怎样。

二、生态化教学资源的开发

（一）理解生态化教学资源的特征

大学语文生态课程的教学资源具有开放性、生成性和生活化的特点。

1. 教学资源是完全开放的

生态化课程资源没有文本的限制，没有内容的限定。以教材为代表的文本资源毕竟是有限的，有题材、体裁、篇幅上的限制，同时也将目前非常重要的媒体资源排除了出去。大学语文教育应当摆脱文本的束缚，以开放的姿态，将生活中有利用价值的语言片段、文字材料、媒体数据等都看作课程资源。只有将生活的方方面面都当成课程资源，才能让大学语文在母语教育的属性中，在大语文观的审视下，丰富多元，生动具体。

2. 教学资源是不断生成的

在现实中各种鲜活的语言现象、不断产生的文学作品，都是大学语文课程的重要资源。这些资源每天都在不断更新，有的词汇消亡了，新的词汇又产生了。经典的文学作品还在变换角度解读，新的文学现象又在前赴后继中催生。

特别是网络文化的冲击，我们的语言和文学都在迅速发生着变化。每年都有网络热词产生，其中有的昙花一现，有的则日益普及被收入字典。如果不关注这些变化、不关注这些不断生成的课程资源，大学语文教育就会失去活力，失去对生活的映照。

3.教学资源是与生活同步的

和其他学科的课程资源不同，母语教育与师生的日常生活紧密相连。不论是口语交际，还是书面表达，抑或是思维过程、情感抒发，母语是基本工具，母语教育也就与每个人生活的每个过程都息息相关，不可分割。大学语文教育是母语终身教育中的一环，因此可以说大学语文课程生态化资源，与个体生命中的高等教育这一阶段生活基本是同步的。

（二）重视隐性课程的生态教学资源

将大学语文课程的教学资源看作是动态生成的生态化开放体系，让母语高等教育扎根生活，与生活密切相关，回归生活，成为生活的一部分。这也是大学语文课程生态化的重要步骤。

隐性课程是与显性课程相对应的范畴。显性课程是学校教育中有计划、有组织地实施的"正式课程"，也就是我们课程表和成绩单上能够看到的课程。而隐性课程则是学校通过教育环境有意或无意地传递给学生的教育经验。因此，大学语文隐性课程指在学校规定的语文学科课程之外，潜移默化地影响学生的知识、态度、价值观念的非预期的语文课程。作为语文课程系统的生态因子，隐性课程是对传统语文显性课程的补充。隐性课程资源的有效开发不仅可以优化语文课程结构，为反复的语言实践提供更超越课堂时空限制的平台，在潜移默化中提高学生的审美素养和人文修养。

大学语文隐性生态课程资源相对显性课程资源来说，有潜在性、广泛性和不确定性、难以定量等特点，也有语文课程特有的审美体验性。隐形课程资源从呈现状态来看，可分为物质文化资源、精神文化资源和行为文化资源。

1. 物质文化资源

物质文化资源包括校园所在的地理位置、周边环境及学校的建筑风格、空间布局，以及校园的石刻雕像、道路名称等。教育家苏霍姆林斯基说过，一所好的学校连墙壁也能说话。学校物质环境的好坏，实际上就体现了教育管理者的价值观。

2. 精神文化资源

精神文化资源包括学风校风、人际关系、文化氛围，也包括学校制度、办学宗旨、教育价值观等。学校的各种规章制度以及校训、校园精神等，都能引导学生提升素养。

3. 行为文化资源

行为文化资源包括师生交往、生生交往等各种人际关系行为体现出的文化资源。其中的教师个人魅力展现、学生个性特征表达、交际礼仪文化等，都能对学生产生影响。同时，师生交往和生生交往都主要体现在教育过程中，这个交往过程中的一切都能成为大学语文的教育资源。

认识和利用大学语文隐性的生态课程资源，就是要将学生从课本中解放出来，让学生与自然、社会和现实亲密接触，在与现实生活的接触撞击中感受生活、认识生活，从而主动地学习。

（三）把握生态化教学资源的开发原则

显性课程资源和隐性课程资源共同构成了大学语文的课程资源。要让这些开放的资源整合起来，发挥其应有的积极作用，服务于大学语文教学，就需要有意识、有计划地开发。而无论是什么样的教学资源，在开发和利用的时候都要遵循下列四个原则：

1.统合原则

把握尺度，考虑系统性。无论是显性的课程资源，还是隐性的课程资源，都应该统筹考虑，注重发挥其互相补充、互相促进的合力。而不是为了形式上的新颖，生搬硬套地增加一些课程资源。在对大学语文课程资源进行开发时，必须本着统合的原则，将各种形态的资源科学合理地进行组织设计，发挥出整体的最优功能。

2.自然原则

把握个性，考虑差异性。这里的差异有多个维度：地域、学校性质和学生个体。根据我国的实际情况，不同地方特别是不同民族聚居地的自然差异是较大的，这就造成了民俗文化、地域文化、城市文化的不同，在开发与生活息息相关的课程资源时，必须考虑地域的差异，尊重和遵循其自然性；而对于不同的大学而言，综合性大学比专业院校更便于跨学科资源的开发，文科大学或艺术院校相对文化氛围较浓厚，本科院校相对来说教师的个人素养较高、物质资源更加丰富，因此不同性质、不同层次、不同学科的大学有其固有的差异性，需要我们在开发课程资源的时候具有针对性；学生个体的差异就更加明显了，需要教师在教学过程中能够加以区别，从课程资源的开发和利用上就力争做到因材施教。

3.择优原则

把握目标，考虑可行性。语文教育是生活化的母语教育，生活中的一切都可以成为课程资源，但不是每一种资源都能收到好的教学效果，也不是每一种资源都能立刻全面地开发和利用起来。经济条件的限制、地域性的倾向、学校的特点、教育体制的现状等，都会对教学资源提出一定筛选的标准。这就要求我们在面对复杂多样的语文隐性课程资源时，要本着择优原则。一方面要根据学生的心理特征和兴趣进行灵活地设计，以符合学生的心理发展趋向；另一方面考虑开发所要用的开支和精力，以最少的开支取得最佳的效果为目标，也就是有轻重缓急之分，有可行难易之分。

4.协同原则

把握主力，考虑合作性。大学语文不仅仅是教师和学生之间的活动，课程资源的开发和利用还应该让学校的管理者、课程的制定者、其他学科的教师和教辅人员等加入进来。诚然，大学语文教师仍然应该是课程资源开发的主力军，并发挥其主导作用。但我们与之相关的其他人也应该主动地参与其中，对大学语文课程资源的开发和利用提出自己的见解，给予力所能及的帮助。同时，还要注意学生在课程资源开发中的重要作用。学生所接触到的各种生活化的资源可能比教师还丰富，他们的关注点也会符合其自身的普遍心理特征，教师将其择优利用起来则会事半功倍。因此，大学语文课程资源的开发需要多个群体的协同，形成一种多元的课程资源开发模式。

三、生态化教学过程的实施

（一）全媒体教学策略

1.采用多媒体技术辅助大学语文教学

互联网时代已经到来，多媒体技术有利于现代化教学，这已经得到教育界的普遍认同和重视。不管是在基础教育领域还是高等教育中，多媒体融合多种形式和技术，实现更优良的表现力、交互性和共享性，在教学中已经占有一席之地。在大学语文教学中，多媒体技术使教学内容相互贯通，激发了学生强烈的参与意识，对其发展有着积极的促进作用。

但我们要警惕的是喧宾夺主式的多媒体教学，形式大过内容。如有的教师在课堂上以整部热门电影作为教学内容，然后匆匆讨论一下电影的主题就结束了，并不着重挖掘电影中的语文要素。学生看似很欢迎，但教学效果一般。在多媒体技术的运用上，关键是要摆正其作为辅助教学手段的位置。任何教学手段必须是围绕教学目标因时因地有计划进行的，不能单纯为了迎合学生的兴趣而忘了初衷。值得强调的是，互联网多媒体技术的覆盖面是非常广的，绝不仅仅等同于制作和播放 PPT 来代替板书，这是目前我们看到的部分探讨多媒体教学的论文中存在的最明显误区。

2. 开发各类媒体中的语文教学资源

目前，微信、微博等自媒体盛行，各种新闻客户端、网络文学网站、直播平台也受到青年大学生的欢迎。网络生活已经成为大学生日常生活的重要组成部分，且有愈演愈烈的趋势。于是，作为生活语文的大学语文教学不可避免地要接触到这些新鲜的网络元素。存在即合理，语文作为母语教育是必然要跟时代息息相关的，回避并不能阻挡媒体的发展，反而会失去对大学生进行有效引导和规范的机会。事实证明，在这些鲜活的媒体资源中，必然有一些值得挖掘的精品，符合主流价值观，语言优美，表达流畅，且具有审美价值和人文精神。这需要更多的教师和教材编写者摒弃偏见，深入生活，对媒体信息给予足够的关注。

3. 高度重视师生的媒介素养提升

媒介素养分两个层次：一个是公众对于媒介的认识和关于媒介的知识；另一个是传媒工作者对自己职业的认识和一种职业精神。现代社会的每一个成员都既是受众，也可能是传播者。与媒介发展日新月异不匹配的是，目前我国的媒介素养教育意识和水平都还不高。在大学生日趋成为网民中坚力量的时候，媒介素养成为教育中缺失最多需求也最急迫的环节。作为媒介的主要语言，语文与媒介天生就紧密相连，因此大学语文教育必须重视与媒介素养教育的融合，互相促进，共同发展。在此需要强调的是，大学语文教师必须首先提高自身的媒介素养，才可能带动学生在面对纷繁复杂的各类信息中寻找、选择、理解有益的部分，并有意识地带领学生一起创造和生产高质量的媒介信息。目前我国的媒介素养教育不成系统，师生能接受媒介素养教育的机会和平台并不多，这需要国家和教育部门、高校都加强这方面的意识，开设相关课程，对教师做一定的系统培训。

（二）"体验—提炼—实践"交互式学习策略

教育生态理念认为教学是一个动态的过程，这个过程中有许多环节。总体来说，大学语文的学习过程可以总结为"体验—提炼—实践"。

1. 生态学习过程的体验

体验是指各种教学资源的开发利用环节以师生的体验为主要方式。打破"教师向学生讲授真理"的传统教学观点，倡导学生直接去接触和认识教学资源，获取第一手的感性信息。传统教学法中先讲知识点然后举例说明的方式，严重影响和干扰了学生的自我感性认知，使学习成了一种证明过程，而非发现和创造。建构主义教学理论认为，只有当学习者与外界环境主动地进行交流和联系时，才会出现真正意义上的学习，强调学生的主动学习意向。

而目前看来，各种形式的阅读仍然是教学过程中师生体验最方便也最有益的途径。从具有社会审美意识的、凝聚着作家生活体验的、蕴涵丰富情感交流的文本中去学习，去体会语文在思想启迪、道德渗透、文学修养、审美熏陶、写作表达等多方面的综合效应。

体验的过程使学生的学习不再是静态被动地接受各种孤立事实的过程。这要求教师在教学资源的选择方面注意丰富性、真实性和经典性。通过丰富多元的、与学生有共鸣的、具有·定代表性的优秀文本、让学生从中体验，主动学习。

2. 生态学习过程的提炼

学生在介入文本形成附有自身独特印记的作品后，需要评价和总结，提炼出相应的语文知识或情感。提炼的基础是评价，评价并不一定是完全正确的，因此还需要互相交流和比较，在讨论和探究中去检视。在学生交流评价的过程中，教师应该引导学生持有敢于怀疑的态度，不能人云亦云，更不能带有强烈的倾向性和暗示性。只有敢于怀疑，才能催生出创新思维，因此教师必须把握住度，不能参与过多，扼杀了学生的创造力。

在对彼此的评价经过充分讨论，学生已经能够比较清晰明确地理解语文信息之后，教师还需要带领学生一起总结和归纳，找出规律，融会贯通，使资源中的语文元素知识化、系统化、理论化，使学生领悟到语文学习的特点和规律，为今后的终身自主学习奠定基础。

3. 生态学习过程的实践

任何教育都是需要实践的。大学语文也是如此，生活语文来自生活，也必须在生活中加以应用和检验，并创造出更多的语文资源供体验。大学语文作为一种母语学习，将理论用于实践其实是每时每刻都在进行的。但这里强调的是，在实践过程中需要有明确的倾向性和超越性。语文课程中学到的语言规律、文学常识、审美方式等，教师都应该引导和要求学生有意识地在日常阅读写作、交往表达中去应用，并不断地尝试和训练自己的模仿、加工与创新。

目前，最直接的实践是课程考核，也就是考试。传统意义上的考试虽然能有针对性地检验学生对语文知识的学习效果，但在评估学生的综合语文能力、语感、创作能力等方面的作用还是比较有限的。因此，考核方式的多样化和科学化值得我们去深入研究。

大学语文对个体的学习过程来说，理论上就应该是一个"体验—提炼—实践"的单向流程，但同时整个学生群体的学习过程，又是一个无限循环的闭合过程，实践为教学提供了源源不断的资源，才能有文本可以去体验。把握了这个动态的过程，有利于大学语文课堂的生态化，从而促进大学语文教育的生态平衡。

四、生态化教学评价体系

（一）把握生态化教育评价的特点

1. 评价标准的多样

大学语文教育评价的目的不应该再是等级性、竞争性的区分式评价导向，而是要促进每个学生的全面发展。在这个前提下，评价标准就不再是单一的、固定的，评价的等级也不再是少数优秀的精英文化导向，而是针对每个学生的不同特点，通过不同方式、不同标准的评价来帮助学生认识到自己的长处和短处，因势利导。通过有针对性的评价，体现对学生生命价值、个体特点的积极关注，以此促进学生的身心实现健康与和谐发展。

2. 评价主体的多元

教育主体的多元，决定了大学语文教育生态系统中评价的主体也应该多元。不仅仅有语文教师，还有家长、同学和其他学科的教师等。特别是应该把学生作为评价主体的重要组成部分，通过引导学生积极主动地进行自我认知和评价，让他们参与更多的教育过程，关注自身发展。

3. 评价方法的丰富

大学语文教育的评价模式基本上可以划分为两类：科学主义评价模式和人文主义评价模式。前者以语文试卷为代表，注重"标准""程序""客观"；后者以课程论文、文学写作为代表，注重个案研究和评价方法的定性化。两类评价方法各有利弊，只有相互补充、取长补短，并辅以口试、多媒体创作等多种评价方式，才能在大学语文教育评价中发挥良好的作用。此外，师生对于评价方式也有明显的多元化需求。

（二）构建生态化教育评价体系

生态课程的评价对象不应仅仅是学生的学习效果，还应有教师的教学效果。一般来说，教学评价包括对教学过程中教师、学生、教学内容、教学方法手段、教学环境、教学管理诸因素的评价，但主要是对学生学习效果的评价和教师教学工作过程的评价。评价的方法主要有量化评价和质性评价。在教育生态理念的指导下，大学语文需要构建起一种开放、多元和重过程的教育评价体系。

1. 教育评价内容具有开放性

不论是对教师还是对学生的评价，都应该考虑多种因素。同时，在内容上要体现开放性。例如，对教师教学的评估应该从教学理念、教学资源、教学过程、教学方法和教学效果等多个角度去评估，同时要考虑教学环境、教学管理、学生互动等多个方面的因素。简单地以学生网上评教为主的现行大学语文教师教学评价，远远不能满足评估的要求，更无法全面反映教师的真实教学状态。因此，要求我们在教学评价中用生态系统观与普遍联系的观点去综合考量各个生态因子的作用和关系，以及生态因子与环境之间的关系，而不仅仅从师生关系出发。

2. 教育评价主体多元化

大学语文教育的主体不仅是学生，还包括语文教师、家人、同学，以及其他学科的教师等。在对教师的教学评价和学生的学习评价中，应该根据实际情况，适当地加入其他学科教师、教学管理者、学生家人等多个主体，通过不同主体的权重分布吸收和接纳他们对教学效果的评价。

3. 教育评价方式注重过程性

大学语文课堂评价的作用在于指导语文教学更有效，而不是区分教师学生的优劣和简单地判断答案的对错。因此，现在普遍运用的以考试成绩或者论文等级来评定学生的学习效果，以学生的评教分数作为教师教学效果的评定，很明显不能发挥评价的指导性作用。要促进教师和学生的发展，就不能只对学生的学习情况和教师的教学情况做简单的好坏之分，而在于强调其形成性作用，注重其发展功能。课堂观察是行之有效的过程评价方式，需要定量与定性相结合，设计出科学有效的量表。

一次评价不仅是对一阶段教学活动的总结，更是下一阶段教学活动的起点、方向和动力。大学语文的教育评价更需要在过程中去关注问题，加大对课程观察的比重，将评价和指导相结合。同时，要注意把评价的结果加以分类分析，反过来放在教学过程中去思考，对今后的教学提出有针对性和实操性的改进意见。当然，对过程的关注就必然要求评价注意师生的个体差异性，因人而异、因时而异、因课而异。

第五章 大学语文文言文及阅读教学

文言文在语文教学中具有特殊的价值。学习文言文不仅能够增加语言积累，而且对抢救优秀文化遗产、传承悠久历史文明、探究文言教学方法有着重要的作用，同时还有利于培养学生阅读文言文的能力。

第一节 语文文言文教学总论及要求

一、文言文概述

（一）文言文的含义

文言文是中国古代的一种由汉语书面语言组成的文章。文言文是中国古典文学所使用的主要语言，具有词汇丰富、精练的特点。它最初建立在口语的基础上，但随着封建统治阶级对文化的掠夺和垄断，其距离人民群众的口语越来越远，因而不能为广大群众所掌握。

《古代汉语》一书中指出："文言文是指以先秦口语为基础而形成的古汉语书面语言以及后来历代作家仿古的作品中的语言。"

（二）文言文的特点

1. 言文分离

书面语是在口语的基础上产生并发展起来的，并且这二者之间的关系密切。文言文则是在先秦口语的基础上产生并发展而来的，但因为年代久远，文言文与后来的口语的距离越来越远，因此，这种作为书面语的文言文渐渐地脱离了现实生活中人们所使用的口语，最终导致言文分离。

2. 经久不变

自先秦至 20 世纪 20 年代，文言文在很长的一段时间里都占据了书面语的统治地位，其中语音、语法、词汇在很大的程度上保留了原有的面貌。

3. 行文简练

文言文具有言简意赅的特点。原因有以下两点：一是单音节词在文言文中占了绝对的优势，相对而言，双音节词和多音节词稍少一些；二是省略的成分居多，省略主语、宾语、状语的情况很常见。

4. 深奥难懂

由于时代的久远，文言文渐渐淡出了人们的日常生活，因而要读懂文言文就越来越难了。生僻的词语、陌生的句式、特殊的语法，都有可能成为我们理解的绊脚石。

综上可知，文言文具有言文分离、经久不变、行文简练、深奥难懂的特点。虽然文言文艰涩难懂，与现代生活有一定的隔阂，但它记录、传承了中国灿烂的古典文化。

（三）文言文与传统文化的关系

1. 文言文是传统文化的组成部分

语文必修教材中的文言文篇目选自不同时期的中国古代文学作品，它们或记叙描写，或议论抒情，是一定时期文学艺术发展水平的杰出代表。作为文学作品，它们本身就属于中国传统文化的一部分。同时，它们还记载了丰富的文化内容，包括历史、地理、哲学、社会风俗等方方面面。例如，《左传》是我国第一部编年体史学著作，记载了东周前期各诸侯国经济、军事、外交和文化等方面的重要事件和重要人物，不仅是研究我国先秦历史很有价值的文献，也是优秀的散文著作。

2. 传统文化的弘扬离不开文言文教学

中国的传统文化源远流长，博大精深。要弘扬传统文化，就需要从学生的教育入手，让文化之根深植于他们的心中。文言文蕴含着丰富的传统文化内容，文言文教学存在于学生日常学习的各个阶段，为传统文化的弘扬提供了便利的条件。在文言文教学中加强传统文化熏陶，能够使学生学习和继承优秀的传统文化。

二、文言文教学的意义

（一）有利于抢救我国的优秀文化遗产

抢救历史遗产不仅仅是考古学家的责任，而是每个中国人的责任，而大学语文教学就是最直接的抢救历史遗产的渠道。所以，抢救历史遗产是当今大学语文教学要解决的一个重要问题，应该引起我们的注意。

（二）有利于学生了解祖国文化

对文言文教学策略的研究能提高学生学习文言文的能力，从而促使他们通过阅读更多的文言书籍，去透视中国历朝历代人的生活状况、文化心态、思维方式和价值观念。掌握文言文就像得到了一把通往古代的钥匙，学生可以通过解读千年前的名家经典，去感受古人的精神气质，了解我们民族的过去，从中吸收有益的营养成分。

（三）有利于提高学生的审美情趣

古代诗词在押韵方面要求严格，在诵读的过程中因押韵而产生的音节的变换，产生一种和谐之美，使人在吟唱中感受到诗词歌曲的意韵之美，体会声韵之妙。诵读古代的诗词，我们不难发现，古人不仅在遣词造句上非常讲究，而且对如何选择韵脚和选择什么样的韵脚都十分考究。尤其在诵读文言文时，我们可以感受到文言文具有一种简洁之美，寥寥几字，就将作者所要表达的事情声情并茂地娓娓道来。

（四）有利于增强学生的表达能力

在语文教材所编选的文言文中，大多是文质兼美的经典范文，一些精美的语言，凝练的短语、经典的句子及提炼出来的成语，会自然而然地变成我们的语言储备，潜移默化地丰富我们的语言，如"三人行，必有我师焉，择其善者而从之，其不善者而改之""士别三日，即更刮目相待""醉翁之意不在酒，在乎山水之间也""不以物喜，不以己悲"等，都已成为人们耳熟能详的名言警句，"温故知新""诲人不倦""豁然开朗""无人问津""望洋兴叹""贻笑大方"等丰富了我们的词汇。除此之外，文中的遣词造句、布局谋篇、思想内容等方面都是值得我们学习与借鉴的。学习文言文是一个不断积累的过程，会使人才思敏捷、文如泉涌，写作水平也会有一个很大的提升。

三、语文文言文教学的要求

（一）遵循教学的基本原则

文言文教学是语文教学的一部分。具体到文言文中，对于语文学科基本性质的认识也是实施教学的基本前提。文言文可以析出三个要素：从语言来说，它是古代汉语；从形式上说，它是古代特有的文体；从内容上说，它是传统文化的结晶。相应地，文言文对应着三个层面的教学内容：文字、文章、文化。

在文言文教学中正视语文学科的基本性质，就应该做到文言协调。文言协调就是要注意工具性和人文性两个方面的结合。首先，文言文教学区别于现代文教学，文言内容的理解和文言知识的掌握是学习文言文的基础。我们很难想象，学生能够在不了解文章基本意思的条件下，还能体会其中蕴含的文章之美、文化之美，因此，文言实词、虚词、基本句式、语法知识的积累是十分重要的。

其次，文言文教学应该兼顾传统文化。如果仅仅停留在古代汉语的学习，不仅会让文言文课堂变得无趣，而且会降低文言文本身的价值。在文言文教学中注重传统文化教育，恰好能够避免这种情况的发生。最后，文言协调应该做到两个方面的和谐统一，任何强调一方而忽视另一方的做法都是不可取的。

（二）重视阅读质量

语文教材编写时多选择短小精悍的文言文作品，往往通过一个小故事反映深刻的大道理，看重对学生人格的修养，选择的课文涉及范围也非常广泛，如先秦诸子散文中的小故事等。而大学语文教材编写涉及的范围更加广泛，单从篇幅来说，相比之前的文言文就更长一些；内容上，在"浅易"文言文的基础上，更看重深层次挖掘文言文精神层面的意义。

总的来说，对文言文阅读质量的要求基本上是古代的优秀作品，一些脍炙人口的名篇。除了课文中选用的要求学生必须学习的课文之外，还给出了很多阅读的相关作品，大学语文选修教材中的文化经典著作就是针对课程标准中的这一要求编排出来的。

（三）学习阅读方法

文言文阅读的方法要求："诵读古代诗词，阅读浅易文言文，能借助注释和工具书理解基本内容；注重积累、感悟和运用，提高自己的欣赏品位"。这一要求告诉教师，一定要重视学生文言文阅读能力的培养，在调动学生主动学习的积极性的基础上，使养成学生勤查古汉语字典的习惯。除此之外，要重视学生的个性化阅读能力的培养。强调个性化的阅读，就是倡导学生在学习文言文的过程中，让自己的心灵与主人公产生交集，得出自己的读书体验。

在学习文言文的过程中，在最基本的读与背的基础上，要求学生掌握常用的文言实词、文言虚词以及固定句式，重点教给学生一种自学的方法，让他们通过查阅工具书及有关资料，切实学到古文知识。

第二节　语文文言文教学策略

一、改变文言文教学观念

（一）正确认识文言文的价值

当今社会高速发展，中华民族若想屹立于世界民族之林，发出自己的声音，绽放属于自己的光彩，就应该从中华优秀传统文化中寻求民族的品格，塑造属于自己的形象。学习文言文不仅仅是学习汉语发展的历史，更重要的是文言文中凝聚了中华传统文化的精髓，记录着中华文化的历史。培养学生阅读文言文的能力，是为了让学生更好地理解中华文化的发展史，继承古人遗留下来的宝贵文化遗产。因此，作为教师和学生，首先要对文言文的价值有充分的认识，不能只把文言文看作是考试的工具，应该既要看到其作为语言文字本身的价值，又要看到其传承文化的功能，实现文言文教育工具性和人文性的统一。

对文言文价值的认识，应做到以下两点：

1. 挖掘文言文教学的美育目标

语文具有重要的审美教育功能，语文课程应关注学生情感的发展，让学生受到美的熏陶，培养他们自觉的审美意识和高尚的审美情趣，培养他们审美感知和审美创造的能力。未来社会将更加崇尚对美的发现、追求和创造，而审美教育作为语文教育的重要方面，对促进学生知、情、意的全面发展具有重要的作用。选入语文教材的文言文都是文质兼美的美文，通过阅读文言文，品味其中的语言，感受其思想和艺术魅力，提升审美境界，发掘审美能力。因此，在文言文的教学目标设定时，要明确审美的对象、确立审美的主体、设计具有审美教育意义的教学目标，将知识技能的学习和审美情趣的培养整合起来，有意识地引导学生对文本进行审美感悟，产生审美体验。无论是《兰亭集序》《赤壁赋》《褒禅山记》所描绘的自然风光之美；还是屈原为追求光明、进步而上下求索，荆轲为国家社稷的果敢、忠义精神等的人情风俗之美；抑或是《寡人之于国也》中抑扬兼施、循循善诱的议论艺术之美，教材中如此丰富的审美内容，不仅仅是让学生去感知，更重要的是帮助学生理解美和欣赏美，进而创造美。教师可以通过对文本形象的分析、情感的熏陶感染、声情并茂的朗诵，拉近学生与文本的距离，帮助学生透过文本的表象，感受其内在的美。教师只有在教学实践过程中融入具有审美取向的教学目标，以学生为审美主体、以文本作为审美对象，才能更好地实现文言文审美教育的功能。

2.彰显文言文教学的德育目标

学生学习一篇文言文的目的，除了掌握文章包含的文言基础知识和技能外，还应该"通过语言的媒介，对文学作品塑造的艺术形象进行具体感受、体验、想象、理解和判断，从而领会作品的意蕴或情趣，获得美感享受"。要为造就时代所需的多方面人才，弘扬和培育民族精神，增强民族感染力和凝聚力发挥应有的作用。同时"必须充分发挥自身的优势，弘扬和培育民族精神，使学生受到优秀文化的熏陶，塑造热爱祖国和中华文明、献身人类进步事业的精神品格"。动之以情，以情激情，文字就有血有肉，而不是枯燥的符号，文言文中所描绘的景和物、人和事，所阐发的道理就会叩击学生的心灵，在他们的心中引起共鸣。教师要以育人为己任，在教学目标的设定中明确德育目标，进行知识讲解时兼顾中华传统文化的教育，将中华民族独具特色的人文内涵带给学生，使学生在熏陶、感染中塑造中华民族独具特色的精神品质，为学生形成正确的情感态度和价值观奠定基础。

（二）重视学生的主体参与和创造意识

不少教师在进行文言文教学时总是试图教给学生权威的解读结果，于是找来很多参考资料，仔细筛选出自认为可以传授的正确见解，以便在课堂上胸有成竹地对着学生分析课文，引领学生沿着自己设计好的思路顺藤摸瓜，最后找到自己预设的目的。尽管教师在备课中也开始注意备"学法"，设计问题和导语，力图激发学生的学习兴趣，但最终目的还是想方设法地把这个权威见解讲授给学生。

阅读就其本质而言，是一种意义的创造活动，在接受文本所提供的意义的同时，学生必有所思、有所问，继而便会有所引申、发挥与创造，调动起学生的经验与情感，才能缩小他们与文言文之间的距离。文言文、现代文一脉相承，许多词语、语用、语义是相通相连的，学生在生活中就会接触到大量耳熟能详的成语、名句，学生积累的知识经验、已有的学习方法本身就是文言文学习的重要基础。这些与学生生活、学习息息相关的经验因素一旦得到尊重并被充分调动，文言文与学生的距离感就会大大消除。在教学过程中应摒弃冷漠无趣的讲解翻译，增加学生与文本之间的对话，尊重学生"活生生的体验"及自我的精神体验，让学生以自己的感知为基础，以吟诵品味为情感投入，以个性理解为切入点，最终达到学生与文本、与作者的"心灵沟通"。

二、实施多样化的教学方式

（一）情趣导学法

1.设置特定的情境

教师进行语文文言文课堂教学时，必须创设特定的文言文教学情境，才能吸引学生的注意，激发学生的兴趣，达到一种先声夺人的效果。

首先，讲解文言文课文前，教师可借助图画、音乐、游戏、多媒体等教学手段，用幽默的语言、诙谐的表情、饱满的激情为学生创设文言文学习的生动情境，并在这种情趣的诱导下，让学生入境会意，触景生情，从而激发学生学习文言文的兴趣。

其次，讲解文言文课文前，教师通过捕捉与课文相关的社会现象、学生身边的逸闻趣事，创设生动的文言文教学情境，给学生以心灵上的震撼。通过这种特定的文言文教学情境，增强了学生学习文言文的兴趣，更能让学生走近作者，走进文本，与作者对话，与文本交流，更好更深刻地理解课文的内蕴。

最后，在讲解文言文课文过程中，通过设置悬念，创设环环相扣的文言文教学情境，激发学生的好奇心和求知欲，引导学生质疑，形成师生互动，让学生在好奇中获知，在求知中激趣，达到"教与学的和谐、情与知的统一"，提高课堂教学质量，从而"安其学而亲其师"。

2. 故事激趣

语文教材中所选的文言文课文大多具有生动形象的故事性，或纪实性强，或矛盾冲突跌宕起伏，或故事情节一波三折、曲折有致，或人物形象鲜明生动，具有极强的艺术感染力。如果教师在进行文言文篇目教学时，采用故事激趣的情趣导学法，善于用心去挖掘文言文中的叙事成分，梳理文言文中跌宕起伏的故事情节，抓住鲜明生动的人物形象，或用故事导入课文，或用故事简介文章写作背景，或用故事介绍作者，或用故事演绎历史典故，或用故事演说古代典章制度，或用故事来说文章内容，或用故事为文章续写一个结尾，或在故事中识记理解一些文言实词、虚词、特殊句式，这些都可以收到不一样的教学效果，会让学生在一个个故事的叙说中兴趣倍增，自然而然会全身心地投入到文言文学习中。这样就不用愁学生学习文言文没兴趣，学不好文言文了。

（二）留白教学法

1. 诵读留白

诵读留白指诵读和体验环节的留白。采用全班齐读和个性化朗读的方法，引导学生由读入手，以读带解，最后再回归诵读，使得学生获得读法指导和诵读体验。教学中无论是示范朗读、个别朗读，或是集体诵读，教师都应该在朗读中合理处理声调的抑扬、语速的徐疾、停顿的连贯与顿挫，以这种方式，将声音符号形式与文本内容、学生理解思维联系成一个整体，对追问的思考、作答的过程，就是诵读的留白。

2.问题留白

目前，在文言文课文中的一些注解是存在争议的，因此，教师在教学中可以把待明确的问题提出来，告诉学生有哪些观点，并让学生自己私下去进行深入探究。从学生的角度来说，问题的留白教学方法主要表现在两个层面：第一个层面是要鼓励学生质疑，这有利于培养学生独立思考的能力。处理好感悟和质疑的关系，形成自己的看法。首要的就是在教学中，腾出相对比较长的时间让学生有机会充分地质疑问难，真正挖掘到学习的困难点。质疑问难不仅要安排在学生初读课文时，更应该鼓励学生在深入学习的过程中产生新的问题，并鼓励学生随时提出问题。第二个层面是对学生所提出的疑问，教师应当立即作出判断与筛选，就问题采取相应的措施。有些浅显的问题应该让提问者再做深入的思考；有质量与有难度的疑问，可以组织学生进行一些讨论，甚至有些问题可留给学生思考，以培养他们的探究精神和合作精神。

3.品读留白

教师带领学生在品读文本的过程中，应当巧妙地利用"留白"品读作品，引导学生对文学作品"留白"做个性化的填补。这就需要学生开启想象，拓展思维，借助"留白"，连通与作者沟通的桥梁，形成学生自己的体验与感受。

第三节　语文对话式阅读及有效性教学

阅读教学在语文教学过程中占有极其重要的地位，因为语文阅读是获得语文知识、提升人文素养、提高人的综合素质的基础。好读书固然是良好的习惯，但正确的读书方法往往事半功倍，而阅读方法很大程度上是学生在学校由教师依据文本进行阅读教学逐渐培养出来的。

一、对话式阅读教学概述

（一）对话式阅读教学的概念

阅读教学是学生、教师、教科书编者、文本之间对话的过程。这句话解释了阅读教学的内涵所在。"阅读"是读者与编者、文本之间的对话，它强调阅读中主体之间的对话交流，是读者对文本和作者思想的倾听；而"教学"则是师生、生生之间的对话过程，强调的是主体的感受，是教学中师生对编者思想和文本内容的言说。因此，对话式阅读教学，即在阅读教学中运用对话的理论和原则，建立民主平等的师生关系，从而达到教学中读者（师生）与文本、编者之间的"倾听"和"言说"，使彼此在交流和对话中产生共鸣，共同成长。

对话式阅读教学与传统的"传授式"教学不同，它主张师生要与编者、文本进行沟通对话，从而激发学生对话的乐趣，让他们在快乐的对话学习中学有所获，彼此成长。此外，它主张教学中应以学生为主体，以教师为主导。教师不再是课堂的主角，不再只是知识的传授者，而是开始作为对话的一员参与到与学生的对话交流之中，教导学生如何与编者和文本进行对话，从而全面提高阅读教学的质量。

值得注意的是，对话式阅读教学虽然通过言语对话来进行教学，但它并不主张以对话来完全取代课堂教学。也就是说，阅读教学的对话性，并不是一问一答式的，虽然它似乎也进行了对话，但实则是让学生被动地学习。因此，要使阅读教学具有对话性，就要合理运用对话原则，促成师生和编者、文本之间进行一种真正平等的交流，使学生能够在主动的对话之中获取知识。

（二）对话式阅读教学的特点

1. 和谐性与民主性

对话式阅读教学要求对话主体间进行心与心的沟通，追求对话要素之间的相互融洽、相互理解。和谐性主要体现在教学过程中的气氛和谐、人际和谐、环境和谐三个方面。气氛是否和谐关键在教师，教师为避免学生对自己产生畏惧，上课伊始应多与学生沟通，选择轻松的话题缓解学生的拘谨状态，不将威严带进对话课堂。对话阅读教学中，教师会根据教学内容灵活创设教学情境，在导入环节激发学生的学习兴趣和对话热情，在和谐的氛围中推进对话。人际和谐是指师生及生生之间交往的民主性。作为对话主体，教师与学生之间彼此尊重、理解、信任、帮助，对言说过程中出现的不同想法，能在真诚交流的前提下进行修正和补充，实现对话中人与人的和谐共赢。环境和谐主要是指教室座椅的摆放、教室文化的设计。教室中应改变桌椅方块式的排列方式，在对话式阅读教学课堂上出现的椭圆式、马蹄式、丁字式的桌椅摆放方式更适合对话主体间讨论，共享资源。教室文化的设计应遵循人性化原则，如以展现学生学习风采的墙壁文化等方式来舒缓其学习紧张情绪，通过外部和谐环境的建立来减轻学生的学习压力，推动对话的开展。

2. 灵活性与交互性

对话式阅读教学是读者与文本通过双向、互动的对话与交流，建构意义的动态过程。这一过程的实现依赖于读者在阅读阶段对文本的倾听，以及在教学阶段作为对话者对文本的言说。在对话式的阅读教学中，师生对文本的倾听活动与师生对文本的言说活动，都在教学过程中完成。一堂真正意义上的对话式阅读教学课除了倾听与言说的教学形式外，传道、讲授也有其存在的价值。为防止学生对文本的任意解读，教师需要在教学中根据文本反映的主题，适当讲授作者情况及时代背景知识，促进学生对文本的深入理解。传道的教学形式适用于教师教授学生正确的学习方法，培养正确的学习态度，引导学生形成正确的世界观、人生观与价值观。

3.体验性与生成性

文本是一个独立于读者之外的特殊存在个体，本质上是静止的，读者要认识文本，必须主动去理解与把握文本。作者在创作过程中不会对故事情节设计的过于完美，而是通过在文本中留有悬念，引起读者的阅读欲望。这些文本空白，召唤着读者进入文本，体验其用文字创造的境界。在这个体验过程中，读者将调动自己的知识、阅历和情感，与作者展开交流，在对文本的倾听中实现"体验式"阅读。

（三）对话式阅读教学的意义

1.语文教师专业成长的需要

我国的教育事业随着社会的发展不断推进，信息量不断加大，同时学生也在不断地发展。网络等现代信息技术也作为新型的教学手段出现在课堂，很多语文教师在师范院校学到的东西可能已经过时，并不能满足当前的教学工作。

对话式阅读教学对教师提出了更高的要求。有些教师认为自己有经验，新理念会打乱自己的教学模式，这种想法是不对的，教育环境在变，学生也在变。现在的学生新鲜事物接触较多，思维活跃，个性张扬，具有较强的自我意识，他们需要在课上获得更多的知识。而对于教师来说，也是需要不断学习、进步和成长的。对话式阅读教学的有效实施，不仅能使教师和学生更加亲近，更好地促进学生的发展，同时能使教师得到更好的发展。

因此，语文教师需要不断地加强各方面的能力，扎实自己的专业知识，否则就会与当前的语文教学脱节。语文教师要想做到专业成长，最好的办法便是在阅读教学过程中与学生互相沟通交流，做到平等的师生对话，达到师生间的无障碍沟通交流，通过这种方式，促进师生共同进步，达到"教学相长"。

2. 阅读教学的需要

语文阅读教学中的"对话"不仅应该包括言语交流，还应该包括思想以及情感的交流。语文阅读教学的内容是学生、文本、教师之间的对话过程，其中至少包括教师和文本、学生和文本、教师和学生、学生和学生四种对话的形式。参与对话的教师与学生应该处于平等的地位，相互尊重。其中，教师是对话的启发者，应该组织、促进、启发对话；提前解读文本，与文本深入对话；深入研究文本，与编者进行对话；课堂上师生之间、生生之间以文本为中介进行读者之间的对话；引导学生通过与外界的对话，交流情感，领悟文本，再回来与自我进行对话，通过层层对话以及教师的引导，加深对文本的理解。这样的阅读教学过程可以使学生开拓思维，提高语文素养。这种自由的"对话"，可以使师生实现平等，课堂实现民主，防止教师的权威过重。只要不再限制学生的对话范围及内容，学生也会感到自身对话主体的身份得到了充分尊重。同时，教师还可以让学生组成小团队来学习讨论，通过合作探究的方式活跃课堂气氛，充分调动学生学习文本的积极性，从而使学生积极主动地参与到"对话"阅读教学中，更好地激发和保持学生的阅读兴趣，使他们受益终身。所以，把对话理论运用到语文阅读教学中是十分必要的。

3. 学生个性发展的需要

语文作为人文性的学科，对学生的发展起着重要的作用，尤其是语文素养的培养。语文学科不仅能够指导学生正确地学习和运用语言文字知识，发展思维，提高语言表达能力，而且能够在品德人格培养等方面对学生产生积极的影响。语文教材中所选的文章大多文字优美、富有感情，因此，阅读教学本身也就蕴涵着同文本、师生之间的对话、表达与交流。教师应在课堂中通过对话式的教学，培养学生表达交流的能力，不断引导学生理解文本，发现文本与生活的联系，并通过民主的交流、合作与探究，发表各自的观点，促进学生全面和谐发展。

二、对话式阅读教学的实施策略

（一）运用多媒体创造良好的对话心理场

1. 模拟过程，使学生获得"真"的感受

模拟，即写真。通过程序设计，模拟过程，达到目的，使学生获得真的感受。现代认知心理学认为，提供周围熟悉的真人真事，更具有感召力。多媒体的模拟功能，能帮助我们实现这一愿望，它能够突破时间和空间、微观和宏观的限制，把客观世界和文学艺术展现在学生面前，既缩短课堂教学时间，又增加课堂信息量，达到事半功倍的效果。

2. 创设情境，使学生得到"美"的熏陶

"情以物迁，辞以情发""物色之动，心亦摇焉"说明"境"与"情"的关系。通过多媒体，创设与文本有关的情景，以增强学生的学习兴趣，使学生获得美的享受。

（二）重视言语教学

语文教学的目的就是要培养学生运用语言表情达意的能力，即言语能力。要想培养言语能力只能通过言语实践。美国语言学家诺姆·乔姆斯基认为：人类天生具有语言的本能，有适用于所有人类语言的基本语法结构的知识，但是这种语言的本能必须通过言语活动，在一定的语言环境下才能"苏醒"。在语文阅读教学课堂上实践对话教学，以学生为主体进行阅读实践和言语实践，让学生大量地接触文本，刺激学生更多的言语表达，从而激发出学生的语言潜能，激发他们的想象力和创造力。阅读教学的目的之一就是学习言语，也许只是一个字的推敲，就能让文章灵动、升华。

（三）注重语文品质教学

当前的语文对话阅读教学往往偏重分析课文的思想内容，训练学生的分析、概括能力，对学生进行思想、道德教育，而这些知识都可以在教材及学习辅导书上找到，教师课堂上讲的这些知识早已是"你不说我也知道"的东西，导致学生产生思维惰性。因此，为激发学生对话的欲望，教师需要反思自己的教学设计，拓宽对话的范围，将对话在思想情感的教学与语文品质的探究之间协调展开，特别应以语文品质为主。

三、语文阅读教学有效性的表现

（一）学生

学生变得爱学习，学习成为学生的一种精神需要，而不是外在压力，学生的学习状态和学习体验会相应地发生改变。让学生变得爱读书、爱学习，学生的综合素质得到提高，是课程改革的头等大事和教学改革的首要任务。学生综合素质的提高具体体现在：学生的识字量增大，阅读能力得到提高；搜集信息和处理信息的能力得到提高；交流和表达能力、质疑创新能力以及动手实践能力得到提高。

（二）教师

教师的观念也要发生改变，教师不再是课本知识的解释者、课程的忠实执行者，而是与专家、学生等一起构建新课程的合作者。以教材为平台和依据，充分挖掘、开发和利用各种课程资源，成为教师的自觉行为。教学中再也不以课本为中心，而是注重书本知识向生活的回归、向学生经验的回归，注重对书本意义的多样化解读，将教学作为课程开发的过程。

教师的角色也发生了变化。新课程把"教师研究者"这一理念提上了议事日程，促进了这一理念向现实的转化。教师自己就应该是一个研究者，要激发其参与教学研究的积极性和主动性。应促进教学与研究的"共生互补"，促进教师的专业化成长。

（三）课堂教学

1. 课堂的教学目标

课堂教学目标注重追求知识、技能、过程、方法、情感、态度、价值观等方面的有机整合，在知识教学的同时，关注过程方法和情感体验。突出表现在把过程方法视为课堂教学的重要目标，从课程目标的高度突出过程方法的地位；尽量让学生通过探索、思考、观察、操作、想象、质疑和创新等丰富多彩的认识过程来获得知识，将知识与方法有机地融合起来；关注学生的道德生活和人格养成，使教学过程成为学生的一种高尚道德生活和丰富人生体验。

2. 课堂的教学氛围

只有课堂活起来，学生才能主动学习。新课程的课堂与传统课堂的一个重要的区别就是"活"起来了，课堂充满了活力，学生呈现出生机勃勃的精神状态，师生互动，兴趣盎然。

四、语文阅读有效性教学的策略

（一）激发学生的阅读动机

1. 创设良好的阅读情境

在课堂阅读的活动中，教师可以根据需要选择一些与文本内容相关的资料链接、音频视频素材，通过阅读、聆听和观赏，使学生走进文本情境之中，产生情感的共鸣。

2. 注重引导解读

教师要重视引导解读文章的方法，使学生不断提高认识事物的能力以及掌握最基本、最实用的阅读方法，尤其应注意训练学生培养语感。我国著名的教育家叶圣陶曾指出："至于文字语言的训练，最要紧的是训练语感。"应注意感悟语言信息的意义、情感、构建形态（如句式、修辞、风格特色等），使学生加深对语言的敏感程度，能够举一反三。

3. 拓宽学生的阅读面

教师应经常从一些刊物上选取既贴近学生生活又文质兼美的文章印发给学生，指导学生进行课堂阅读，同时让学生摘抄精彩的词句、语段，使学生体会到美文的魅力，提高阅读的乐趣。文章的选择很重要，一要选择贴近学生生活的文章，容易引起学生的共鸣；二要选择语言规范的文章，避免给学生带来误导；三要选择品位高雅的文章，帮助学生培养崇高的人格。

（二）自主、合作、探究学习教学策略

自主学习教学是指学生在教师的引导下自读、自悟、自得的学习方式；合作学习教学是指学生在小组或团体中为了完成共同的任务，进行有明确责任分工的互助性学习；探究学习教学过程实质就是教师在教学大纲的指导下，有目的、有意识地使学生经历生疑、质疑、解疑、再生疑、再解疑的过程。

为促进语文阅读课堂教学的有效性，下面探讨自主、合作、探究学习教学方式具有的特征和教师应采取的相应策略。

1. 主动性

主动性是新型学习方式的首要特征，它对应于传统学习方式的被动性，两者在学生的具体活动中表现为"我要学"还是"要我学"。"我要学"是基于学生对学习的一种内在需要，"要我学"则是基于外在的强制。语文教师在阅读教学课堂中要努力发挥学生的自主性，尽量让学生讨论、探究，主动、积极学习，在学习过程中产生学习责任感，学习后能产生学习满足感。

2. 独立性

独立性是新的学习方式的核心特征，它对应于传统学习方式的依赖性。如果说主动性表现为"我要学"，那么独立性则表现为"我能学"。语文教师要努

力让学生学会自己阅读，要指导学生进行自主学习、自我探究，课堂上该放手的时候就要让学生自己进行探讨。

3. 独特性

每个学生都有自己独特的内心世界、精神世界和内在感受，有着不同于他人的观察、思考和解决问题的方式。学生有着独特的个性，每个学生的学习方式本质上都是其独特个性的体现。语文教师在阅读课堂上要顾及不同类型的学生，允许学生对文本有自己的解读方式。

第四节　语文阅读教学中情感教育的渗透

知识可以改变命运，情趣可以丰富生活，今天的社会需要我们培养有知识、懂生活的人。语文具有人文性和工具性的特点，语文教材、课外阅读以及教学活动中拥有丰富的情感教育资源，所以语文教学成为情感教育的主阵地。

一、语文阅读教学中情感教育的特点

（一）科学性

语文教学中情感教育的科学性是指语文情感教育的每个侧面、每个环节都具有科学性。语文教学中情感教育的科学性主要表现在教育内容和教育方法以及教育原则都是在充分认识和尊重学生的身心发展规律，尤其是情感发展的特点和规律的基础上提出并实施的。语文教学中的情感教育在尊重学生情感发展的特点和规律的同时，强调学生认识的兴趣和创造的快乐，强调审美的自我享用价值和道德感的科学理性基础。作为语文情感教育的主要教育内容，语文教材中的阅读文本，是经过时代的沉淀与专家的反复选择确定的，这些文章优美易懂，蕴藏着丰富的情感。

（二）真实性

真实性是情感教育的本质特点，是情感教育的基础和保障。任何的情感体验都要建立在真实的情感之上，只有获得的情感体验是真实的，才能真正触动内心，受到感染甚至产生情感共鸣，从而实现情感教育的目标。语文教学中的情感教育的真实性，主要表现在作为情感教育媒介的教材所传达出的感情是真实的。在语文情感教育的过程中，所依托的情感教育媒介如教材等，其所抒发的情感都是真实的、真挚的，所以才具有情感感染能力，其情感体验也具有明显的真实性。

（三）主体性

学生是学习活动的主体，其知识的获得与情感的体验同样都要经过个体的加工，经过同化、顺应的过程，并最终内化到自身原有的知识结构中，所以，情感体验具有唯一性与独特性的特点。语文教学中情感教育的主体性表现在情感教育的方法是在充分尊重学生的主观能动性的基础上展开的。在语文情感教育活动中，情感作为一种心理活动，受到外部环境和条件以及自身情感经历的影响，在相同的外部环境与条件下，每个主体的感受能力不同，个人情感经历不同，所获得的情感体验也是不同的，因此具有明显的主体性。另外，语文教学中情感教育的模式如体验式教学、情境教学等，都是在充分尊重学生主体性的基础上展开的。

二、语文阅读教学中情感教育的内容

（一）引导学生领悟人类的各种情感

人类的情感丰富多样，虽然说在语文教材所选的有限的课文中所能体现的情感种类非常有限，但是在这有限的文本中也大致包含了人类情感的几大类，无论是人物自身的喜怒哀乐，还是亲情、友情、爱情，抑或是对他人的怜悯、对国家的热爱，对自然的亲切，对生命的尊重，对时光的珍惜等，在阅读作品中都能够找到这些情感的语言文字。语文阅读的情感教学就是要在这有限的文本的学习中，引导学生领悟人类的多样情感体验，促进学生向着更加有人文素质的个体发展。由于学生的社会经验有限，情感经验也很有限，仅有的微妙的内心体验又因为对语言的掌握和运用能力的限制而难以用恰当的词语表达出来，所以，引导学生的学习情感也是非常需要语文教师用心和下功夫的事情。

（二）掌握描述各类情感的语言精品

人类的各种情感的表达都需要借助于外在的媒介，语言、动作、舞蹈、绘画、戏剧、影视等都是非常重要的情感表达媒介。其中，语言对于情感表达的重要性是其他的形态所不可比拟的。语言是人类思维的重要中介，人类情感表达的主要方式就是通过语言这一表意符号来实现的。语文的学习其实也是对语言的学习，在语文教材中，选用的课文是经过历史长期洗礼遗留下来的情感表达的语言精华。语文教材中蕴含着丰富的情感教育素材。对于情感表达所凝聚的最精练的语言，需要在特定的教学环境中引导学生关注及学习，从而为学生的情感表达打下坚实的基础。

（三）提高情感表达技巧和表达能力

人与人之间有效的情感沟通面临的最大障碍就是缺乏恰当的情感表达技巧。很多人不知道该怎么表达自己内心微妙而私密的情感活动和情感态度。对于情感表达的技巧并非生来就有的，而是在后天的学习过程中不断习得的。对于学生中的情感活动，积极的情感往往会有非常明显的积极回应，而消极怠慢的情感就会非常容易得到消极的后果。语文教学中蕴含了丰富多彩的人文情感因素，也展现出丰富积极的情感教育功能。学生在一定的教学情境中，学习语言文字这一表意符号，通过集体无意识积累的共通感产生丰富的联想和想象的知觉表象，从而进入作品中的情境，设身处地以作者或作品中人物的身份"生活"在这种情境中，体验作品中的情感。学习过程中，学生在欣赏和体验作品情感的同时，也会自主或不自主地把自己的经验和内部情感外射到观照对象中，将作品中精华的情感知识和表达内化为自身的一部分，主客体浑然一体、同喜同悲，并进行审美价值判断，提高自身的情感审美能力和表达能力。

三、语文阅读教学中情感教育渗透的策略

（一）充分认识情感教育的价值

1. 深化对学生情感的研究

深化对学生情感的研究，需要从两方面考虑：一方面，要研究学生的情感现状；另一方面要研究现阶段学生情感的需求。语文阅读教学要实施情感教学就要从学生的情感现状出发，通过观察、谈话交流以及查看学生作业等方法，综合分析学生的情感现状。脱离家庭的学生长期生活在学校中，学生的情感追求是什么，教师的评价对学生的影响有什么效果，一些经常得到教师支持，获得教师称赞和重视的学生，是否有更积极的勤奋感，而那些学习上屡遭挫败经常受到责备的学生内心是否有自卑感等。这些学生的心理变化都会影响到学生对语文的学习。语文教师要能够从充满人性关怀的角度出发，去理解学生的情感状态，引导学生向着积极的方向认识自身的情感问题，并努力克服情感因素中的不利因素，进而为语文学习营造良好的心理环境。了解学生的情感状态和心理变化，并有目的地研究学生的心灵情感需求，从学生自身的发展需要来有目的、有针对性地进行培养和引导，这是语文情感教育的重要内容。在具体的语文阅读活动中，语文教师从学生的需求出发，有针对性地选择阅读作品，联系实际生活，解放学生的思维，发挥学生的主观能动性，激发学生的创造性，帮助学生正确地认识自己、把握自己的心理变化及发展特点，积极主动调整心态适应学习的发展。

2. 提高对学生情感教育的社会价值认识

情感教育的社会价值是指情感教育这一活动的教学效果对整个社会的发展和进步所起到的作用。语文阅读情感教育的社会意义和价值是潜在的和巨大的。一般而言，情感教育活动效果较好的话，能够帮助学生在以后的人生道路上构建良好的心理素质，面对挫折和困难的时候能够及时自我调节，勇敢面对生活中的困难，并积极主动地寻求解决的办法，不会被挫折打倒，不会自暴自弃。如果情感教育不当或者不够、学生的心理承受能力不强的话，那么学生在以后的人生过程中一旦遇到灾难或者极大的挫折时，就不能及时有效地调整心态，理智地适应生活的需要，极有可能做出极端的行为，或者危害自己、危害他人，带来意想不到的社会问题，对社会造成一定程度的负面效应。教育者要对情感教育的社会价值有充分的认识，这样才能真正重视语文阅读的情感教育，并且更加自觉地对学生进行情感教育。

（二）避免对文本过度的情感解读

在语文教学中进行情感教育的过程中，教师应注意不要对文本进行过度的情感解读，不能为了情感教育而过度放大甚至扭曲文本自身的思想情感。语文教材中的文本蕴含着作者的思想情感，这些情感往往是不同情感相互交织在一起的，不同的人阅读后可能会获得不同的情感体验，但大部分人读出的情感是大体一致的，也就是文本最突出、最主要的情感。避免对文本进行过度的情感解读，首先需要教师明确文本传递的主要情感是什么，只有明确了文本的主要感情，才能够传递给学生正确的感情，才能引导学生获得积极的情感体验，产生情感共鸣，最终获得情感升华；其次，不能为了进行情感教育突出文本的感染力，而把文本中蕴含的次要情感当作主要情感来进行牵强附会的讲解，或者为了迎合什么而扭曲文本自身的情感，更不能为了标新立异、突出创新强加给文本其他情感;最后，要明确文本主要情感的表达范围，教师在教学过程中可以与学生的情感经验相联系，以此来感染学生，达到情感教育的目的，但不能为了加强情感教育的感染力，自行扩展或缩小文章情感的表达范围，尤其不能根据自身的情感态度随意改变文本的情感表达范围。

（三）以多边对话促进情感体验

在教学过程中，存在着围绕教师、学生和教材编者展开的多重对话关系，其中最主要的是师生之间的对话关系。语文阅读教学的效率不高，这与教师对学生的实际情况了解得不够有一定的关系。个别语文教师忽视了与学生的沟通交流，在情感上不能够形成与学生平等的心理相容状态。古语有云，"亲其师才能信其道"，现代研究也表明，学生有一定模仿、接近老师的向师性。而语文学科有很强的人文性，这种独特魅力使语文教师更具有职业以外的情感特征，似母亲一般慈祥、善良、宽容，让孩子们乐于接近。因此，语文教师只有在课内外充分了解学生，在建立平等民主的师生关系基础上，营造轻松开放的课堂气氛，加强师生情感互动，这样才能够开启学生的心灵之窗，使学生乐于与语文教师沟通，促进学生的情感体验。除此之外，不论哪种文体阅读教学，情感教育中还存在其他的多元对话关系。比如，班级成员之间的讨论就属于学生与学生之间的对话，它能够使学生在各抒己见的过程中，完成主体之间的思想碰撞和情感交流。师生在教学中还会构成与阅读教学隐性主体(作者或教材编者)的对话，并在这个过程中完成文本细读及情感体验。总而言之，阅读教学建立平等、多边的对话关系，促使阅读教学主体之间进行积极的情感互动，不仅能够促进情感教育的顺利实施，也有利于个性化阅读教学的有效开展。

第六章 大学语文创新教学的基本原则

第一节 大学语文教学原则的实质

一、遵循语文教学的基本原理

语文教学在当下已经成为教育体系中最重要的环节之一，而大学语文教学的基本原理体现在以下几个方面：

一是"发面"原理。所谓的发面在传统的北方所使用的是"面肥"，也就是上次发面所剩下的活酵母，能够有效地在一定时间之后使面发起来。这个道理对于语文的学习来说也是适用的。在语文学习的过程中人们往往经历了多个时期，无论是幼年期、儿童期还是少年期，都主要表现为以下的特点：理解能力较弱，但记忆力相较于成年时期更好，这种情况所带来的积极影响也就是在前期对于知识的积累十分重要。学习语文时，需要在幼儿时期打好基础，这样才能够成为"面肥"，帮助后期开展更加深入的学习。无论是学习文言文还是现代文，又或者是古诗词等，语文的基础都会对学习的成效带来十分深刻的影响。在大学语文学习的过程中，语文的基础对于学生来说十分重要，学生即使在前期缺乏基础的能力，但是为了能够更加深入地学习语文，也需要能够将基础的学习作为语文学习中不可或缺的一部分。

二是"不求甚解"。在语文学习过程中，学生对于语文各种知识的疑问并不一定非要寻求到"标准答案"，这其中的原因有很多。首要的原因是语文自身就是一门充满感性和个性的学科，正如对一个角色可以有多种解读一样，对于语文，学生也可以采用多种理解方式去学习。

三是书面语发展原理，这也是大学语文的原理之一。语文教育对于学生来说无外乎培养听、说、读、写这四个方面的能力，这也导致很多家长和教师对语文学习原理都产生了一种误解，他们认为在语文学习中，读、写所代表的就是书面表达，听、说代表的就是口语，这种方法的错误影响到了学生在学习当中所探索的具体方向。我们需要认识到的是，书面语发展来源于悠久的历史，并且伴随着时代的变化也产生了自身的创新以及变化。口语当中，各种规则也需要通过有序、系统地学习，而不是仅仅靠生活的经验累积。

四是八股文原理。八股文作为封建社会一种选取官员的考试模式，对于现代社会并不适合，但是八股文也具有一些可取之处。八股文当中写作的内容以及体裁，从本质上来讲算是一种古老的议论文，议论文对于当代的语文教育来说则是从初中阶段开始就必不可少的一个题材，所以八股文尚且具有一定的可取之处，但是必须要能够准确利用创新思维，取其精华去其糟粕。学生的语文学习多半是从模仿开始的，而利用一个合理有效的格式去帮助学生模仿，则能够有效地推进其学习的进程。将八股文当中模式化和规范化的思想适当地应用在当前的语文教学当中，能够在很大程度上帮助学生在具有自我创造能力之前取得一定的知识累积和模式学习。任何一个人从出生到成长的过程中，都不能够忽视"模仿"的作用。当然，模仿并不能够构成学习的全部内容，适当、合理并且带有创新思维的模仿，能够帮助大学语文教育开展得更加顺利。

就我国目前实行的教育政策来说，能够朝向"多本多纲"的方向发展，才能够真正展现出语文教育的创新思维作用，才能够真正体现出语文教育对于大学教育整体结构的重要地位和作用。大学语文教育过程是一个长期的、潜移默化的过程，更是需要教师、学生以及教育机构共同开展变革的过程，在探索并且遵循原理的基础上，才能够真正地体现出创新对于教学、对于研究的意义。

二、把握语文教学的基本规律

大学语文教学离不开对于语文教学基本规律的把握，而语文教学基本规律主要表现为以下几点：

第一，多读多写。所谓语文学习，实质上也是针对语文能力提升的一种手段，而语文能力的提升又离不开读和写。针对语文开展读和写的训练，并不是简单低效的读和写，而是建立在明确目标方向之上的读和写。多读多写能够有效地帮助学生提升语文的运用能力，并且在语文教育当中经过多年使用可以积累宝贵的经验。在当代的语文教学过程中，读和写仍旧占据了语文教学的主要位置，语文教学利用读和写来培养学生的能力，也是对现代教学论中语文实践观点的一种践行。语文课程标准当中针对语文教学也有相关的规定。在语文课程当中，语文的阅读和习作构成了语文教学最主要的实践渠道。大量的阅读和习作能够帮助学生增强自身的读写能力，也是对语文基础学习的体现。在九年义务教育的阶段当中，教育部对学生的课外阅读量进行了规定，要求保证学生在义务教育阶段能够达到400万字的阅读量，这是从数量上对阅读进行了规定；在大学期间，虽然没有类似于义务教育阶段的语文课外阅读量的规定，但是对于学生来说，也需要能够保证阅读大量的文章，以开阔学生的视野。因此，无论哪个阶段，阅读都能够成为学生提升自身素养的有效手段。而写对于学生来说也不仅仅是被限定在了写作以及默写当中，写作对于学生来说应当是一种能力的体现，无论是古代还是现代，优秀的文章、作品都能够体现一个人的文学素养。

第二，训与练合理结合。训练对于语文学习来说并不是简单地做习题、做作业，而是需要教师和学生能够从训与练两个方面来进行。首先是"训"的角度，在这方面教师能够发挥出十分重要的指导作用。学生学习的过程从根本上来讲离不开教师的传授和知识的渗透，教师开展教学也就是对学生的"训"。

而"练"则面向的是学生，学生无论是自主地练，还是为了完成教师布置的任务而被动地练，都是大学语文学习过程当中必不可少的。在训与练的过程当中还需要能够体现出创新思维的作用，创新的方式能够帮助学生和教师在一个充满生机的氛围中开展学习活动，大学语文的教学也不会由于学科的沉闷而导致课堂和学习过程的无趣。大学语文在开展训练时，从教师的角度来说可以有效地融合创新的思维，不断提升自身"训"的方式和能力，吸收一些教育领域的先进经验，并且结合当下学生的喜好以及特点开展"训"；从学生的角度讲学生在"练"的过程中也可以对自身原有的方式进行创新，寓"学"于乐，在一个全新的环境下开展练习，巩固已有的基础，探索未知的语文知识世界。我国著名的教育家叶圣陶曾经说过，训练不是烦琐的讲解，这也是对于传统死板讲解教学方式的否定。训与练能够合理结合，才更能发挥出教师与学生两个主体的主观能动性。

第三，循循善诱。循循善诱，这个词汇出自《论语》。孔子作为我国历史上著名的教育者，对于弟子的教育往往在当代也具有一定的参考价值，"循循然善诱人"，这是对孔子教学的一种方式概括。在对一些弟子开展教育的过程中，孔子十分重视启发式教学这一手段，启发式的教学对于充满好奇心的学生来说能够在满足其当下求知欲的前提下，又帮助其对其他内容产生求知欲，这样才能够保证他们对知识永远具有一颗探索的心。孔子在教授学生知识时，十分重视"循循善诱"的方法，这种古代就产生的教学方法并没有因为时代的变革而失去价值，反而在当代的大学语文教学当中发挥作用。大学语文教学离不开教师对学生的指导和引导。当学习者了解到自身对知识的探索仅仅获得了一定的成果，而所得到的成果在知识的海洋当中仅占很小的一部分时，就会激发起对未知领域的好奇心和探索心，从而有效激发学生的求知欲。

三、汲取语文教学的实践经验

语文教学的发展历程从一定程度上来说也正是语文教学经验不断累积的过程。语文教学通过实践得出各种教育方法和理念，在语文教学的历程中，每一位教师在工作岗位上都会对教学工作积累一些新的体验，这些体验的积累也成为日后语文教学的重要参照。语文教学实践的经验包含方方面面，如教师需要能够帮助学生产生对语文这门课程的喜爱，这对语文教学来说十分重要，只有学生从心里喜欢上这门课，才能够在日后的教学当中收到事半功倍的成效。学生在学习时，需求是什么，喜欢什么以及厌恶什么，这些问题都影响到语文教学的具体开展。而在实践当中语文教师应用了不同的教学理念和教学方法之后，就能够真正了解到学生喜欢风趣的、有内涵的课堂，厌恶的是古板老套的课堂。学生对于知识的探索心和好奇心也受到教师教学能力与教学方法的影响，所以教师必须要认真总结前人的经验，提升自身的素养与能力。昨日的教学实践可以成为今日的教学经验，教师总结经验提升自我时，是从庞杂的教学经验中筛选重要的内容，而不是盲目地照搬。教师在语文教学过程当中利用创新的思维进行经验的筛选和积累，同时学生也可以有效积累自身在学习过程中所经历的各种情境，从中探索出一条适合自身发展、适合自身学习语文的道路。

语文教学实践经验的累积是语文教学原则的内容，同时也能够帮助教师坚持语文教学的原则。大学语文教育不同于小学、中学阶段的语文教育，教师所面临的教学内容以及学生的情况都有较大的差异，并且大学阶段的语文教育往往也会受到整体学习环境的影响，没有了应试教育的硬性要求，学生对语文课程学习有所松懈，这都是十分常见的现象。在以往的大学语文教学当中教师所积累的经验，也会因为时代的发展和变化而产生一些不适用的现象。对此，教师只有能够跟上时代步伐，利用创新的思维、创新的手段，才能够保证语文教学朝着更好、更高质量的方向发展。

第二节 大学语文教学的基本原则

一、工具性与人文性统一的原则

大学语文教学中一个十分重要的原则就是，保证工具性和人文性的统一。在教育部针对语文教育所规定的课程标准当中，针对语文教育的性质认识增加了"工具性和人文性统一"的原则，语文课程当中不可忽视的是培养学生在现实当中对语文的应用，但是同时也并不会抛弃语文所具有的人文性。目前，我国所进行的教育都不能够离开人文性。人文教育指的是针对受教育者开展的一系列能够帮助其开展人性境界提升以及理想人格塑造的教育，人性的教育必然需要培养人文精神。人文精神源于欧洲文艺复兴时期，强调将人的本性融入艺术当中，艺术不再是冷冰冰的文字和符号，而是充满了人性温暖和人文光辉。教育是对人的培养，工具性和人文性的结合才是真正的教育原则，并且在大学语文教育当中应当得到良好的体现。

很长一段时间内，学术界对于语文学科的人文性和工具性都开展了深刻的探讨与争论，不同的学者对于语文学科的性质探讨具有不同的观点。工具论者认为语文作为一门学科，实质上是一种对于思维培养和信息传递的工具手段；而人文论者则认为语文教育对于学生和教师来讲，都是站在人的角度去进行教育的，教育离不开人性的特点和培养人的目的。人文论者对于语文学科的认知就是将人文性当成了语文学科的本质属性。这两种论调在一定程度上都具有片面性，实质上的语文教学应当在人文性和工具性的和谐交融当中进行，不能忽视二者当中的任意一方，同时也不能够过分偏向于哪一方。在《语文课程标准》当中，对语文课程的定位就是通过方法论着手，提出工具性以及人文性统一才是语文课程的基本特点。无论是哪一阶段的语文教育，这两个方向都能够帮助学生有效提升自身的能力和认知水平。丁培忠先生曾经说过，语文这种工具是进行思想交流的工具，使用的过程当中也必须要赋予其一定的思想和情感。

大学生具有一定的文学基础，同时由于年龄的特点，不同于小学生和中学生，他们能够更容易理解语文教育中人文性与工具性统一的特点，这是大学生年龄阶段和文化基础对语文教育的一个好处。在很多课堂的内容当中，文章或诗词所表现的工具性和人文性其侧重点是不同的：有的课本偏向于工具性，那么在这样的教学当中就可以侧重传授学生关于听、说、读、写方面的知识；而一些文章充满着文艺气息，如一些优美的散文，这就需要教师侧重于向学生传授人文方面的内容，帮助学生沉浸在一个充满美感的氛围之中，感受语言和文学带来的美的享受。但是，从整体的语文教学规划上来看，工具性和人文性在大体上是保持着一种平衡的，这样才能够不失偏颇，全方位地保障学生创新意识的培养和语文能力的提升。

二、阅读与写作并重的原则

阅读与写作并重的原则在很久以前就深受教育学家重视，只有保障写作和阅读能够在一个合理的平衡范围之内，才能够开展有效的教学活动。我国著名的教育家叶圣陶先生就针对语文教学提出过以下的观点：语文教学在以前只有读和写两个部分，但是实际上"读"往往不受重视。从中不难看出"写"在语文教育的历史当中就是受到重视的部分，但是这并不能够表明"写"是语文教育当中可以忽视的部分。读和写哪一部分是更重要的，这是教育发展当中语文教学始终存在的问题，真正能够全面提升学生能力的方法必然是将阅读和写作并重，将二者共同作为语文教育不可或缺的部分。语文教育过程当中，对于学生来讲最主要的是能够全方位提升自身，而只有能够保证阅读和写作并重，才真正是"全方位"的体现。在语文学习时，阅读和写作是相辅相成的，它们共同构成了语文的学习框架。

　　然而，阅读和写作并不是完全交融的，它们相互独立又相互影响。首先阅读可以为写作提供服务，一定的语文阅读能力是写作的基础。如果缺乏阅读，那么写作就会变成闭门造车，封闭的环境和封闭的思维无法进行优秀的写作实践。在叶圣陶先生的观点当中，教师的阅读指导能够有效提升学生的阅读能力，并且能够为学生其他方面的语文学习打好基础。阅读能够有效打开学生的视野，在一个更加广阔的环境下进行知识的吸收。而写作如果成了阅读的最终目的，那么也就会导致阅读的目的不再纯粹。阅读本身是一个开放的过程，阅读经典的作品就如同和具有智慧的长者对话沟通，阅读的内容、品位和方式都可以在教师有效的指导之下取得良好的成果。阅读还能够有效帮助学生开拓创新思维空间，帮助学生提升自身对于文学知识的了解，使得创新思维不受到狭窄知识面的限制。

　　写作教学对于语文教学的重要意义体现在养成学生经验积累和技术磨炼的习惯上。学生的写作过程实质上也是对语文学习基本功的使用，而在语文学习当中写作也占据了十分重要的位置。如果缺乏写作的练习，那么学生就会无法将已经拥有的知识进行组织和归纳，脑海当中的知识也处于一个较为朦胧的状态，同时无法将学到的知识转化为自己的话。学生为了走出这种朦胧的状态，就不得不多练笔，作文练笔必须要有效表达自己的真实情感，同时还需要能够保证利用合理的方式方法继续激发，对字词和句子，乃至文章的整体构架都需要有一个宏观的布局。教师帮助学生开展写作练习也需要从兴趣的角度进行激发，无论是何种写作的内容，学生必须要有兴趣才能够真正写出心中所想。在我国的语文教育当中，命题作文常常被认为是学生创造力和创新思维的阻碍，但是即使在命题作文的背景之下，学生如果可以将自身阅读的内容和人生的阅历转化为文字，也能够不违背语文教学的初衷和目的。写作教学和写作都离不开生活的熏染，生活是艺术的来源，在生活当中学习的知识、经历的事件都会成为写作的素材来源。作文也可以称之为生活的一部分，阅读并不是写作材料唯一的来源，阅读和写作之间的关系相互独立却又具有关联，写作的内容也可能会促使学生去阅读一些资料和书籍，和平处理这两者的关系，能帮助学生在创新的思维环境下学习语文。

三、文道统一的原则

大学阶段对很多学科来讲，是一种探索深度的升华，同理在语文的学习和应用当中，也不再局限在义务教育阶段以及高中阶段的学习层次，而是向更深的层次逐渐发展。文道统一指的是文章内部的思想和它的语言表达形式能够达到完美一致，这是语文的基本技能，需要教师和学生在开展语文学习教育的过程当中兼顾语文训练与思想方面的教育。在我国古代历史中，常常把一篇文章、一首诗词的内涵思想称为"道"，"道"没有固定的内容，在不同的情况下，在不同的文章内也具有不同的含义，而文章所采用的表达形式被称为"文"。现代的语文教育当中，"文"和"道"指的是基本的技能以及思想这两个重要方面，文道统一的原则也是保证语文教育质量的基本原则之一。很多教师在教学的过程当中体会到了工具性与人文性平衡的重要性，但是对于语文言语性的属性有一定的忽视。

在我国古代，教育家和学者就认识到了语文的教学需要文道统一，文以明道，文以载道。而在近现代的语文教育当中，教育专家们也逐渐认识到了文道统一对于构建语文教学合理框架的重要性。语文课程作为一门教育规划当中必有的学科，其真正的意义十分丰富，其中培养学生热爱祖国的思想也是十分重要的一点，那么到了大学阶段这一点可以被忽视吗？答案当然是否定的。无论在何时何地，培养学生正确、积极的思想情感都是教育的根本目标。如果将语文的学习仅仅停留在工具性上，那么教育将会变得冰冷无情，感性的光芒将无法散发。品德和思想的教育能够体现在教师的教学设计与教学计划当中，在当代的大学语文教育当中，很多近现代文学表现出了对封建主义深刻又强烈的批判，鲁迅在小说《狂人日记》当中对于封建主义"吃人"的本质就做出了深刻的揭露。在文学作品当中，表达出的情感可以跨越时间和空间的限制传递到读者的心中，这也正是文道统一的一种体现。"道"的传承利用文字作为载体，在历史中不断延续，并且通过教育传递到学生的心中，这正是文道统一的意义所在。学生即使不能够与作者身处一个时代，但是通过文学作品也能够了解到一个时代的特点，深知一个时代的悲欢喜乐。

四、文、史、哲整合的原则

文学、史学、哲学这三个概念本身既具有一定的独立性，同时又在文学的范畴当中相互交融。大学语文教育的原则之一也就是能够将这三者进行整合。文学是一种语言艺术形式，也是语文最为人熟知的一面；史学又被称为历史学，对于人类社会发展变迁的过程以及其中的规律进行揭示和阐述；哲学是对于世界进行原理层面把握的一门学科。这三门学科从表面上来看具有差距，各不相干，但在本质上却具有一定的关联，而且在大学语文教育当中，也坚持着文、史、哲整合的原则。文、史、哲统一的文本在古今中外经典作品中并不少见。文、史、哲整合的原则在语文教育中，从小学、中学乃至大学都保持着重要的影响，只有将这三者有效结合，才能够真正体会到历史中不同文学作品的深刻价值。

第三节　大学语文教学原则的实践

一、明确大学语文教学的指导思想

大学语文的教学需要拥有整体观，并且整体观的把握对于教学成果的影响十分深远。大学语文作为一门公共必修课具有较为重要的地位。大学语文以培养学生的人文精神、品德素养以及艺术修养等为目标，为促进大学语文实现更好更快发展，首要的就是树立起正确的整体观念。大学语文的教学内容往往是选择具有艺术价值的文学作品，无论是古代文学还是现代文学，都能够帮助学生提升自身的语文学习能力。教师在开展语文教学之前，必须对语文教材的内容有一个整体的认知。教材当中所提倡的是理性精神，同时不可以忽视人文的关怀，人的主体地位是教育当中不可忽视的，古今中外的文学教育都离不开对人价值的肯定。在大学语文教学实践中，对教学理念和方法的掌握也要从整体的角度出发，以有效地对教学内容进行合理解读。大学语文教育当中对文本的解读需要从整体的角度立足于文本，还需要结合时代的背景以及其中所蕴含的哲学内涵进行解读，这也正是对文、史、哲整合原则的一种有效应用。教师在教学当中也要体现出自身的学术品位，既要专注于语文教学的本体，又要拥有一定的知识存储，而不是仅仅局限在文本当中去教学。大学语文教学还可以通过创设链接的方式，打造一个课内外相结合的整体课堂，帮助学生在课内和课外都进行良好的整合接入。大学语文课程的开设是为了提升大学生的人文素质，而从宏观的角度去开展的教育能够使学生接受的教育更加全面，并且有助于学生有一个广阔的空间进行思维的创新与发展。

二、突出大学语文教学的特点

大学语文教学的特点有多个，其中因材施教是比较突出的一个特征。因材施教的目的是能够寻求到最适合学生的教育方式和教育理念，寻求不同学生之间的差距，同时也能够提升教学的效果，这样才能够成就大学语文教育的意义。具体来讲，因材施教需要从对学生特点的把握和教学方式的选择两个方面入手。首先是对学生特点的把握，在不同的学校内部，学生大体上仍分为文理两个主要专业方向，针对文科专业的学生可以选择《大学应用语文》等教材，并且在教学内容的选择方面也可以多进行深度的挖掘；而针对语文基础较为薄弱的工科和理科学生来说，选择难度较低的教材，也能够有效帮助学生跟上教学的进度。可见，教育对象自身的特点是不可忽视的。教学方式的选择上需要结合时代背景以及学生的需求来进行改变，在 21 世纪语文的教学也可以与时代进行融合，结合各种信息技术和创新手段，而不是像传统的教学方式一样被局限在黑板和纸质教材当中。

三、创造学习语文的有利条件

创设各种语文教学的有利条件，是为了能够更加有效地发挥语文教学的作用，提升学生学习语文的质量，同时也是践行语文教学理念的一种有效手段。

首先，需要打造一个宽松和谐的教育环境，严肃的教学环境虽然会带来整齐的课堂纪律，但是势必也会由于氛围的压抑导致教学的效果不理想。语文学习在一个宽松和谐的环境之下，学生对于语文的课堂不再产生畏惧、厌恶的情绪，这也是一切教学理念实施的前提条件。大学语文教育当中，教师在课堂上的权威地位以及教师对于期末成绩的把控能力，都成了拉开师生距离的原因。教师需要认识到的是，严肃的环境不仅不能够促进学生语文学习，而且还会压抑学生的天性，阻碍学生思维的散发。

其次，要让学生勇敢地发出质疑，这样才能够带来思维的碰撞。创新的思维因为质疑而获得活力，课堂也会由于质疑的存在而变得民主、自由。质疑的声音是创造性思维的一种表现，教师应当从多个角度保护学生的这种思维，同时也鼓励学生通过质疑来表达自己的看法。

最后，构建探索性的思考模式，也是有利于语文教学的条件之一。语文的课堂离不开教师通过抛出问题引发学生的思考，但是这种传统的提问方式并不能够发挥有效的作用。探索性的思考才能够让学生发挥自身的主观能动作用，将外界赋予的知识转化为自身的能力。在一些课外的文章学习当中，给予学生足够的空间，让其能够开展个性的探索，打造一个良好的学习环境和学习视野，让学生能够真正从文学的宏观角度来进行语文的学习。教材并不是语文教学的全部内容，更不是文学的全部内容，还有很多有价值的作品没有被收录到语文教学的内容当中，通过开拓学生的文学视野，让他们了解到语文学习的深度和广度。语文的学习是对一门学科的探索，这种探索没有止境，也没有死板的约束，个性的发挥带来的是对语文真谛的探求。

四、培养会学语文的智慧品质

语文当中的"智慧精神"代表的是知识、文化以及精神、人格的融合，语文"智慧精神"对于很多语文课堂教学来说是欠缺的，而缺乏语文"智慧精神"的教学无法全面培养学生的语文素养。语文教学无论在什么阶段都不能够摒弃对学生语文智慧的提升，而这种智慧品质提升手段主要包括以下几点：

首先，培养积极的语文趣味。在教师的指导和自身的探索之下，学生不断提升自身的语文审美情趣，这也可以说是为学生的语文学习指出了方向。在一门学科的学习当中，正确的方向能够让学生避免走很多弯路，也能够有效提升学生的学习质量。同时，学习的目的性也要纯粹，学习并不是为了满足自己的私念，也不是获取财富的垫脚石。在语文学习时，教师要加强对学生进行思想教育，纠正错误的学习观念，才能培养出对社会有用的人才。

其次，能够掌握基础语文知识，使得自身拥有基础知识和能力所带来的语文智慧。在我国的传统教育当中，对于语文教育的习惯培养具有一定的科学道理，"好记性不如烂笔头"，这不仅仅是强调勤学多练，更是针对学习习惯重要性的一种阐释。在学习时要养成良好的习惯，如阅读优秀的文章和文学作品，遇见好的文学素材和诗句进行摘抄等。互联网的时代，真正的阅读已经越来越难得，读书是一种人类跨越时间限制与先人交流的活动。静下心来读一本书，练几篇字，都是对语文基础的有效巩固。

最后，将语文与生活相结合。在生活当中，一个人所听、所说和所思的内容都离不开语文。因此，应将生活作为语文的应用场所，同时也作为语文的学习来源，这样才能够真正培养学生语文学习的智慧品质。语文和生活无法割裂，二者相互交融，共同延续在历史的长河当中。

五、探索创新教学的有效方法

教学的方法对教学的质量会产生直接的影响，学生和教师都应该成为创新教学的推动者，其中教师所起到的作用是最为重要的。探索创新教学，首要的做法就是能够针对大学语文课堂教学的模式进行一定程度的改变。教师通过抛出问题的形式来使学生展开小组范围的讨论，例如教师在讲授一篇有关于爱国情怀的文章时，可以向学生提出以下几个问题：作者对于爱国的态度如何？做法如何？而当代的青年对于爱国的态度和做法又是怎样的呢？创新教学就是需要能够将教育与时代结合起来，文章当中的时代背景是过去时的，而当代正是学生所处的时代背景，二者结合才能够真正让学生体会到语文教学对于人格健全培养的重要作用，同时也是语文教学现实意义的体现。

教师进行语文教学时，将自身创新教学的意识体现在具体的教学活动当中，转变传统思想，为学生带来新的学习体验，这就是创新教学方法有效性的具体体现。大学语文教学工作所渗透的创新意识是一个教师自身知识结构的体现，也是教学理念的体现。大学语文课程越来越成为人才培养的重要组成部分，教师也需要不断吸收先进的思想和经验，并应用到教学当中。大学语文教师首先要拥有扎实的文学研究能力和基础，同时又能够制订明确的教学目标，21世纪的教育不同于传统的语文教学，创新的理念要从教师到学生全面地渗透。为此，教师应不断提升自身的素质，提升自身的教学技能，力求可以使用正确、合理的引导方式帮助学生开展语文学习。

大学语文的创新教育模式，还体现在教学评价机制的改变与重建方面，传统的教学评价机制虽然有一定的可取之处，但更多的是参照卷面分数，忽视了学生的思维能力和素质培养。这种评价机制不仅无法有效针对学生展开评价，还有可能降低学生的学习积极性，导致学生失去对语文学习的兴趣和探索的好奇心。教师创新评价的机制，首要考虑的是卷面和学生的思维能力两个方面。创新的思维对于学生来说是难能可贵的，也是大学语文教学的重要目标之一。新课标的教学体系之下教学评价可以采用多种手段并行的方式，帮助学生进行各个方面的检测。

创新大学语文教学考核评价的方式，摒弃单一的笔试，增加面试、日常作业等多种方式，这样能够从一个更加立体和客观的角度来评判学生在一个阶段内语文学习的成效。同时，也保证了语文学习质量检测的公平性和公开性，大学语文教学方式的创新是时代发展的必然，也是学生对更高质量教育的一种需求。系统性的考核方式，创新的教育理念，高效的教学手段，无一不是在当下的社会环境中有效提升教学质量，促进人才培养的有效手段。更加重要的是，学生创新思维与大学语文的联系也会因此更加密切和融洽，学生得到综合培养、全面提升，在不同的环境下都能发挥出其自身的价值。

第七章　大学语文课堂教学优化体系构建

第一节　语文课堂优化的基本规律

一、课堂优化要注重过程学习

当代教学论认为，学习是一个过程，而不只是一个结果，教学要注重过程学习。这一教学思想表现在课堂上，则以学生为主体、教师为主导，充分发挥学生学习的主动性、灵活性和创造性，使他们积极参与探索知识的过程，能动地获取知识。这种过程不仅是获得正确答案和结论，更重要的是提供给学生一种自我探索、自我思考、自我表现和自我创造的实际机会，使学生能进行学习的自我体验，心理得到最好的发展，从而增强自我力量的意识和创造精神，并学会学习和创造。这种教学同传统的传授式教学从根本上划清了界限。语文教学尤需注重过程，理由如下。

（一）从语文课程设置的目标来看

语文教学是一个训练学生语文能力的过程。语文课程的基本目标是培养学生读、写、听、说的能力，而能力都是在应用知识的实践过程中逐渐形成的。只有将语文教学作为学生言语活动的实践练习的过程，才能有效实现语文教学的目标。只是机械地记住现成的结论，是与实现语文教学目标相悖的。

（二）从语文学习的心理来看

语文学习是学习主体复杂的智能操作过程。这主要是因为语言与思维关系密切，语言是思维的物质外壳，思维是语言的精神内核。学习语文，不管是理解语言还是运用语言，学习主体必须进行一系列复杂的形象思维和逻辑思维活动。这种活动是教师不能替代的。学生只有经历了主动、积极的思维过程，才能保证语文学习富有成效。

（三）从语文学习的特点来看

语文学习是学习主体凭借自己的生活经验和审美情趣参与言语认知的过程。理解语言和运用语言都要凭借自己的生活经验和审美情趣来进行。而学生的生活经验和审美情趣是千差万别的，各有千秋。如果教师只是要求学生按同一标准吸收，势必抑制学生的心理活动，扼杀学生语文学习的个性，失去教学应有的优化功能。只有让学生在学习过程中充分调动自己的个性心理去理解语言、运用语言，语文教学的优化才可能落实。

语文教学注重过程，就是要把学习知识的过程与探索过程结合起来，让学生自觉地发现、研究问题，在教师的启发下独立完成认识过程，获得科学认识问题的途径及方法。注重学习过程的关键在于坚持学生是学习和发展的主体，坚持教师主导作用与学生主体作用相结合，一切教学活动的组织都应该以有利于开展语文学习过程为出发点，帮助学生在生动活泼的学习过程中发展。在具体的教学中，应该让学生处于探索者的主体地位，有机会和条件去发现问题、分析问题、解决问题。

例如，有教师把阅读教学的过程分为三个阶段：①初读激疑、自我探究阶段。教师可根据学生实际和教材内容，引导学生围绕某些方面来思考和提出问题。②精读释疑、理解深究阶段。学生初读时提出的属于本课学习重点的问题，可引导学生共同解决；学生没有提出的重点问题，教师则提出，然后引导学生带着问题去细读课文，深入探究解决。③熟悉总结、实践应用阶段，让学生在熟读课文过程中总结规律，并用以实践、探索。这三个阶段是在教师的引导下，让学生探索问题的完整过程。它既可以让学生学好语文知识，深入理解课文，直接收到学习效果；又提供了机会和条件，让学生处于探索者的主体地位，在探索过程中获得发现问题、分析问题、解决问题的途径和方法，使心理得到发展。

二、发挥语文教材的范例功能

语文教材有诸多功能，如训练功能、审美功能、人文教育功能等。而语文教材最突出的特点是范例性。语文学科的教材与其他学科的教材不同，其他学科的教材的主体即课文，主要是阐述该学科的知识，由概念、定理、定律和例证等逻辑序列构成。

语文教材的主体部分是文章或文学作品等言语材料，这些言语材料是语文知识的综合运用形式，不直接阐述语文知识，只在印证语文知识，做学习语文知识和训练听、说、读、写能力的范例。语文教材的这种特点，决定了它的功能主要在范例作用上。这正如叶圣陶先生所说，"语文教本只是些例子，从青年现在或将来需要读的同类的书中举出来的例子；其意思是说你如果能够了解语文教本里的这些篇章，这就大概能阅读同类的书，不至于摸不着头脑。所以语文教本不是终点。从语文教本入手，目的却在阅读种种的书。"语文教材的这种范例性表明，优化语文教学过程必须凭借教材充分发挥它的范例功能。发挥教材范例功能的关键是深挖课文的智能因素特别是创造性因素，并实现它的训练价值。语文教材的课文是作者经过一系列复杂的智能操作写成的，其中蕴含着极为丰富的智力因素和语文技能因素，课文所具有的范例功能，主要就是这些因素对学生学习语文和发展心理所产生的积极影响。优化语文教学就必须重视这些因素对培养学生语文能力、发展学生智力方面的教学价值，应将课文的这些因素充分发掘出来，以之作为学习语文的示范。

事实上，课文中蕴含的智能因素很多，隐藏着丰富的、极有教学价值的智能资源。就智力因素而言，有观察、思维、联想、想象、记忆等。就语文技能因素而言，有遣词用语、立意选材、谋篇布局、写作技法等。这些因素都可以用作训练示范，凭借它们培养学生的语文能力，发展学生的智力。课文的智能因素是作者写作时进行言语操作所反映的心理特征，这些特征存在于语言文字系统中。

语文教学要发挥课文智能因素的训练价值，必须引导学生深入地揣摩、领会课文的语言，让学生与作者角色换位，"经历"和还原作者构思行文的心理操作过程，从中得到领悟和启发，获得同化和发展。

现行全国通用语文教材中的课文都是优秀的文章或文学作品，它们是作者精心创造的结果，从谋篇布局到行文用语，处处都留有作者创造性智能运作的轨迹。语文教学尤其应该深入挖掘课文含有的创造性的智能因素，用以训练学生。事实上，只要循着作者智能操作的轨迹，就不难发现课文的创造性智能教育因素。

三、课堂优化促进积极的学习迁移

"为迁移而教"是时代对教学的要求。迁移是一种学习对另一种学习的影响，有积极和消极之分。积极迁移简称"迁移"，是学习主体在学习过程中通过积极思索，发现两种学习内容在知识、技能、方法等方面的联系，从而利用这些联系去发现、掌握新知识、新技能。一切有意义的学习必然包含着迁移。教学的目标不仅要传授知识，而且要在传授知识的同时，发展学生的智力，使他们具备自学的能力。可以说，学生学习迁移的效果是检验教学是否达到这种目标的最可靠的指标。

对语文教学来说，迁移学习训练是发展学生自学能力进而实现创造的必要途径，优化语文教学更应努力促进学生进行学习迁移。按照认知心理学的观点，迁移是学生的习得经验和已有的认知结构以及心理品质同化、类化新知从而解决问题的过程，包含着许多可循的心理规律。要让学生实现有效的语文学习迁移，发展他们的自学能力和创造性解决问题的能力，教师应该帮助他们懂得迁移的规律，掌握语文迁移的途径。迁移的途径主要有以下几种。

（一）统摄

统摄是将几个已知概念或命题同化于一个概括层次更高的概念或命题的认知。这种迁移的关键是要通过比较，找出已知中的共同属性，统摄于具有概括属性的概念或命题中。例如，要求把《劝学》中的两组排比句"登高而招，臂非加长也，而见者远；顺风而呼，声非加疾也，而闻者彰。假舆马者，非利足也，而致千里；假舟楫者，非能水也，而绝江河"，抽象概括成一般的推理句，便需要比较四个特殊的事例，从中找出了"本身条件非异，凡善假物者，就能获得好效果"这一共同本质，就实现了认知同化。

（二）演化

演化是已知概念、命题对其特征或例证的概念、命题的同化。例如，让学生掌握倒叙、插叙的特征，要求他们辨析某篇课文的叙述方式，学生发现这篇课文在叙述方式上具有这种特征，便将已有的知识演化即可解决问题。演化迁移的关键是要辨识未知与已知的共同特征，并将已知在问题情境中具体化。

（三）归联

归联是具有高概括层次的概念或命题对下一层次的新概念、新命题的类化。例如，学生具备语境意义的有关知识，懂得语言具有"固定意义"和"临时意义"，语境意义属"临时意义"，由具体的言语环境补充决定，常常与语言的"固定意义"不尽相同。当学生理解某段话中语句的意思时，学生便会立刻把语句纳入这段话的语境来理解认识，从言语背景和语流方面来领悟语句的意思。归联迁移的关键是要准确掌握具有概括属性的有关知识，并在解决问题时，能迅速找到旧知与新知的本质联系，从而应用旧知分析，认识新知。

（四）类推

类推是指新旧概念或命题异形，但二者又有某些共同点或相似点的旧知对新知的同化。例如，"因为 A 所以 B"和"既然 A 就 B"这两种句式虽表现形式不同，但都有"因"和"果"的关系。只不过前者的"果"已属事实，后者的"果"是一种推测。学生如果已掌握了"因为 A 所以 B"的因果句式，要求辨析"既然 A 就 B"的句式时，就可由旧知类推本句的句式。类推迁移的关键是要善于将新知和旧知类比，发现其中的共同因素或相似因素，从而做出正确的推断。

因此，注重知识积累，特别是丰富具有基础性、概括性知识的积累，是实现积极迁移、有效学习的必要保证。迁移总是与知识的应用和问题的解决过程紧密地联系在一起的。因此，精心设计好练习是促进学生积极迁移学习的重要环节。一般来说，能促进迁移的语文练习有以下三类。

1. 独创性练习

独创性练习要打破学生的思维定式，不能受限于单一的"标准"的答案，而应促使他们进行独创性思维，产生新颖的属于自己发现的答案。独创性练习还有利于课堂教学，它能使学生深刻地领会作品主题、情节结构；帮助学生深刻地理解词语，提高运用词语的能力，有效地增进语文知识，能够使学生对作品所描绘的人和事获得丰富细致的感性认识，然后进一步上升到理性认识，锻炼想象能力和思维能力。

2. 发散性练习

发散性练习要具有开放性，让学生能多侧面、多层次、多方位地进行思考，寻求多种途径和方法解决问题，谋求多种结果。发散性练习的特点是：充分发挥人的想象力，突破原有的知识圈，通过知识、观念的重新组合，寻找更新更多的设想、答案或方法。发散性练习通常是不依常规，寻求变化，对给出的材料、信息从不同角度，向不同方向，用不同方法或途径进行分析和解决问题的，其中，一题多解的训练是培养学生发散思维的一个好方法。它可以通过纵横发散，使知识串联、综合沟通，达到举一反三的效果。

3. 评述性练习

评述性练习应让学生发挥自己的认识，从新的角度或以不同的方式来判断、评价和阐释一些观点。例如，学生学习了《雷雨》，可让学生对剧中的人物及其对话艺术进行评论。

四、课堂优化激活无意识的心理活动

无意识又称"潜意识"，相对于显意识（一般称"意识"）而言，是人未意识到的心理的总和。这种心理是主体对客体不自觉的认识与内部体验的统一，包括无意感知、无意识记、无意再认、无意表象、非言语思维、无意识体验等。无意识心理活动的主要功能是对客体的一种不知不觉的认知和内部体验。

无意识心理倾向主要是大脑右半球的创造机能，感情和想象力是它的重要组成成分，与它紧密联系在一起的还有态度、动机、期待、兴趣、需要等因素。这些都是语文创造性学习不可缺少的心理因素。尤其要看到的是，无意识占整个意识的绝大部分。依据弗洛伊德的说法，人的意识仅仅是人的精神活动中位于表层的一个很小的部分，占 1/9；无意识才是处于人的心理深层的部分，这个部分很大，占 8/9。这好比漂浮在海中的冰山，显露于海面的 1/9 是意识，而隐没在水下的 8/9 是无意识。已有的研究证明，无意识是意识活动的基础，意识活动一般都是在与无意识的结合中进行的，而且只有使二者和谐一致，心理活动才能达到最佳效果。因此，要优化语文课堂教学，实现创造性的培养目标，应注重唤醒、激活学生的无意识，让无意识与意识协同一致地积极活动起来。

　　要想激活学生的无意识，需要应用暗示渗透的原理和方法，按照暗示渗透的教学原理。学习高效率不是强迫学习的结果，而是在轻松愉快的环境中自觉学习，从而让无意识与意识高度配合的结果。具体来说，暗示渗透除了应用放松学习、想象练习等专门技巧外，更经常的是通过教师的态度和行为以及场景、氛围来感染学生。例如，教师微笑的面容，充满自信的神态，生动有趣的讲述，朋友般的鼓励，轻松愉快地探讨问题，辅之以无拘无束的学习场所，都可以给学生以暗示。在这种环境下，学生会感到学习是愉快的事情，课程是很有趣的，学习是不困难的，从而乐于学习，有信心学好。这样，便可激活学生无意识配合意识进行学习活动。

五、课堂优化重视非逻辑思维的感受作用

　　非逻辑思维包括联想、想象、直觉、灵感等，它们在感受言语情境进而体会其情感方面发挥着独有的作用。语文学习离开了非逻辑思维的感受作用，必然浮于语言符号系统的表层意义上，或限于抽象空泛的认知上，进入不到高层次的语文学习水平，语文教学的优化必然落空。所以非逻辑思维对学生学习语文知识有很大的作用。

（一）重视非逻辑思维的感受作用

　　重视非逻辑思维的感受作用是语文教材的特点对言语认识活动的要求。语文教材的课文本身是有情境的。一篇优秀的文章、文学作品总是在一定的情境中产生的，是作者所接触的实际生活的反映。正是客观的生活情境（包括社会环境、自然环境、具体的人事景物、生活场景、情感氛围以及种种问题情境）使作者的思想情感受到触动，才激起写作动机，见诸言辞，写成文章或文学作品。即使有的文体，如议论文没有直接描绘意境，但在逻辑推论中隐含了情感结构，仍然含有动心动情的形象。在语文教学中注重引导学生对课文情境的感

受，才能让学生领悟作者的情思和追求，获得对课文深切的理解和体会。

（二）语文学习注重非逻辑思维的感受作用

语文学习注重非逻辑思维的感受作用合乎学生思维活动的认识规律。学生的抽象逻辑思维开始发展，但仍以感性表象为支点，这种逻辑思维属于直观形象的抽象。学生逐步发展思考活动也需要直观的形象思维和抽象逻辑思维双向进行、协调活动、相互融合。而感受情境要调动学生的表象，从感受形象开始，在此基础上引导学生运用抽象思维深入地认识课文，这正与学生语文学习的思维活动是一致的。

（三）重视非逻辑思维的感受对青少年的心理发展有极重要的作用

人的大脑功能左右两半球既有分工又有合作。大脑的左半球掌握逻辑、理性和分析的思维，包括言语的活动；而大脑的右半球则负责直觉和形象思维，包括情感的活动创造力。在传统的教学中，无论是教师的讲解，还是学生的单项练习，以至机械的背诵所调动的，主要是逻辑的、无感情的大脑左半球的功能。而重视了非逻辑思维的感受，并使它与逻辑思维的认识活动相互作用，便可让学生边体验感受边进行内部言语活动。这样，大脑两半球交替兴奋或同时兴奋协同工作，则可大大地释放出潜能，创造力便渐渐增强。促使学生非逻辑思维感受的具体方式很多，主要有以下两类方式：

1.设置情景

设置情景，即提供与语文课堂学习有关的情景，如利用实物、图画、音乐、影像、环境布置以及其他多种现代化教学手段来构成生动可感的情境。这种方式作用于多种感官，可以让学生的非逻辑思维的感受作用得到充分发挥。

2.诱发情境

诱发情境即唤起生活经验，通过记忆表象和想象再现社会或自然场景，把学生带入语文学习的特定情境中。例如，对课文情节绘声绘色的表演、教师生动感人的讲授、分角色朗读以及复述、改写、扩写、续写课文等，都可以把学生带入课文的情境中，深深地触动他们的情感，使非逻辑思维的感受作用得到发挥。诱发情境的关键在"披文入情"。教师要善于引导学生应用非逻辑思维揣摩、体味课文的语言，诱导他们将第二信号系统的语言文字还原为活生生的人、事、景物。

其中，感受情境要结合着逻辑认知活动进行。感受情境能触及学生情感的深处，激活学生的潜意识，使他们获得情感的体验和直觉的认知，受到感染熏陶和潜移默化的影响。让学生感受情境：一方面要发挥非逻辑思维的感受作用，使学生在潜意识的驱动下自然地进入情境，达到"入境始与亲"的境界；另一方面要帮助学生运用逻辑思维对情境进行分析认知，把潜意识引向显意识，把感性直觉上升为理性认识。因为感受情境触及学生的潜意识，产生的是直觉的感受、认知，一般只是一种意会，比较朦胧，难以用语言把它说清楚，有时还停留在浅层次，甚而产生主观偏向的歪曲感受、认知。这就有必要对情境进行理性的分析和开掘，让学生说出自己的直觉感受，或写成学习心得、札记。这样，便可使学生的认识及其情感产生飞跃，从而发挥最大的作用。

六、语文理法学习与语感学习相结合

我国传统语文教学重视从语感中学习，一味强调"书读百遍，其义自见""无他术，唯勤读书而多为之，自工"。这种以多读多写帮助学生积累语感经验的教法，虽然有合理的内核，但它只强调经验的作用，只要求对言语作直觉的感受和判断，不重视科学的分析思维，学生获得的乃是一种混沌状态的综合领悟。

正如鲁迅先生所指出的那样，"一条暗胡同，一任你自己去摸索，走得通与否，大家听天由命。""弄得好，是终于能够有些懂，并且竟也可以写出几句来的，然而到底弄不通的也多得很。自以为通，别人也以为通了，但一看底细，还是并不怎么通，连名人小品都点不断的，又何尝少有？"特别是它以量取胜，缺乏效率观念，从当代学生学习语文的时间有限考虑，其经验应用就更受局限了。而当代语文学科放松语感训练，重视语文理法学习，以烦琐的分析来肢解有整体活力的文章，以掌握语文理法知识来代替学生对语言文字的真切感受，这是违背语文学习的特点和规律的，最终也不能完成语文教学的任务。

古今语文教学的弊端，其根源主要在割裂了培养语感与学习语文理法的联系。事实上，二者是相互关联的。语感是语文学习的基础和条件，直接影响语文学习的效果。这是由言语所反映的内容决定的。言语作为物质媒介来反映作者对现实生活"感受"到的意象，它是作者旨趣的最贴合的符号。学生对于言语，首先必须转换为生活，深切"感受"了它的意义，才能通向和接近作者的心灵，透彻了解言语，获得理解语言的能力。如果没有对言语的这种"感受"，只是学习语文理法，让学生对言语的知识和运用规则有所"知"，这便离开了言语所反映的内容，失去了理解言语的基础和条件，其结果必然会停留于表面，不能深入。运用语言也是同样的道理，只有从所反映的生活对象方面加以感受，才能准确地遣词用语和判别调整言语，获得运用语言的能力。

学习语文理法能为语感提供理性经验，使语感能力得到提高。一般人的语感是在长期的言语实践中自然形成的，能为理解语言和运用语言提供一定的言语感性经验。但仅凭这种单纯的感性经验来理解语言、运用语言，往往知其然而不知其所以然，局限很大。这种语感显然是低层次的。在理法的指导下，感性经验便可得到修正、整理和提高，使认识发生飞跃。也就是说，语文理法可以使人们对言语的理解和鉴别既知其然又知其所以然，使语感在原有的基础上进入高级的层次。感受言语，直接经验还是主要的，通过严格的语文理法学习，便能逐步积累间接的理性经验，从而形成真正敏锐地、准确地、深刻地理解、鉴别言语的能力。语文理法学习对提高语感的影响作用其实也是由语感自身发展的心理要求决定的。高层次语感的心理结构以理性积累为基础，语感过程即是用早已筹思于前的经过长期逻辑理智思考而形成的认知心理结构去认同眼前的言语。可以说，高层次语感是语文理法知识与实际练习相结合而积累凝聚起来的言语感受的理性经验。语文教学是学生得到语文理法知识的基本途径。通过严格的语文理法学习，以直接感受经验为主的语感得到发展，进入理性认识的高级层次。

语感与语文理法之间有着相互关联的必然联系。这种联系表明了以语文理法为指导的当代语文教学模式既需要学习必要的语文理法，更要立足于培养学生的语感，并使二者有机地结合起来。这种结合主要应考虑以下四个方面。

（一）传授语文理法知识与训练语感能力结合

传授语文理法知识与训练语感能力结合是培养语感的基本指导思想，语文教学要根据语感训练的内容，传授必要的语文理法知识，并服务于语感训练的实践，使它成为培养语感的有效手段。例如，针对语义感的训练，应传授必要的词语知识、段落结构的知识、逻辑的知识、文体的知识、表达方法的知识；而对语言中的情境感、情味感的训练，应传授必要的文学表现手法的知识以及想象、联想等鉴赏方法的知识等。

（二）课内计划训练和课外开放学习结合

课内计划训练和课外开放学习结合是训练语感，提高学生语感能力的基本途径。课内计划训练是有规则的语文学习，可以为学生提供理性经验，扎扎实实地打好语文基本功，尽快地增强学生的语感能力。但是，语感具有实践性，语感能力的形成和提高必须通过反复不断的练习和直接的言语实践。因此，语文学科应充分利用语言的社会性和语文学习的广泛性，要求和指导学生自觉地应用课内所学的理法知识，在课外积极广泛地学习语文，大量地积累语感经验，使课内语文规则学习向课外延伸、开放，与课外语文学习相互联系，相互补充，相互促进。

课外语文开放学习没有时空限制，内容形式很多，包括与听、说、读、写技能有关的一切言语活动。有的教师指导学生写语感随笔，便是课内语文规则学习与课外开放学习相结合的有效形式。语感随笔专门记录自己学习语言的心得，它要对所感的言语做理性分析，能把言语感受的感性经验与理性经验联系起来。凡是自己在课内外一切听、读活动中对言语有所感受，都可作语感随笔的内容。这种训练本身就是一种语感理性经验的开放性积累，又可以帮助学生养成揣摩和分析他人语言并因此缜密地使用语言的习惯，对提高语感能力作用很大。

（三）辨析推敲语言与联系生活经验感受语言结合

辨析推敲语言与联系生活经验感受语言结合是训练语感、提高学生语感能力的关键。语文教学必须重视培养学生辨词析句的能力，应指导学生认真分析、比较词句，仔细理解词语的选择和搭配关系，掌握各种句式的基本特征，准确领会言语的意义。

感受言语离不开生活情境，培养语感，应该结合情景、联系生活经验理解语言、运用语言。例如，我国著名学者叶圣陶先生说，"要求语感敏锐，不能单从语言、文字上去揣摩，而要把生活经验联系到语言、文字上去。"我国著名学者茅盾认为，领会文章和作品，应当一边读一边回想他所经历的相似的人生，或者一边读一边到现实生活中去看。学生理解语言，要引导他们把对词句的理性辨析同对生活的观察、体验结合起来，让他们调动自己的生活经验，开展想象和联想，呈现有关的表象，从而深切地感受到作者运用的语言文字表现了什么样的事物或形象，其中蕴含了什么样的感情；学生运用语言，要指导他们把构思行文与所要表达的事物联系起来，呈现"内心视像"，从而准确地遣词用语。

（四）理性思索与诵读、揣摩结合

理性思索与诵读、揣摩结合是训练语感，提高学生语感能力的基本方法。

语文教学要培养学生的语感能力，应该有计划地进行形式多样的练习。例如，修改病句、解词造句、关联词语填空，口头（书面）答问、争辩讨论，评析课文、单项作文等。这种练习能促进学生积极思维，更好地掌握和运用理法知识，扎扎实实地打好语文的基本功。这对发展语感能力有不可忽视的重要作用。但是语感是凭借着言语活动的经验（包括感性经验和理性经验）直觉地对言语作感受。诵读、揣摩便是直觉感受言语的基本方式。

因此，培养语感还需多采用诵读、揣摩的方法，在诵读、揣摩的基础上进行理性思索，把理性思索与直觉感受紧密地结合起来。这里要特别指出，我国当代语文教学重视语文理法的练习，而学生诵读、揣摩较少，这对培养学生的语感极为不利。诵读、揣摩是训练语感的基本方法。我国古代语文教育十分强调诵读和揣摩，以至于提倡"每大段内必定分作细段，每细段必看读万遍，又通背二三十遍"达到"与我为化，不知是人之文，我之文"的境界。古人单纯以量取胜的指导思想虽然不可取，但在获得语感方面确实有科学价值，值得我们借鉴。

第二节　语文课堂教学目标优化

一、语文课堂教学目标的优化体系

（一）认知目标

语文教学的终极目标是对人的精神的关怀，即熏陶其人文精神和创新精神，而精神层面目标的实现依赖于技术层面目标的完成，而最终依赖于人类知识。"知识的广度能促进学生的发展，同时也能促进知识和技巧的巩固性。"但语文知识包罗万象，难以把握，因此必须优化学生认知目标，既能为学生"减负"，又能达到"立人"的目的。

经过不断地发展和改善，语文课程知识已经有了一个系统，主要包括文字、语汇、句子、篇章、语法、修辞、逻辑、文学等方面。随着时代的发展及"大语文"理念的提出，语文教学的内容范围应放大到包含文学或以文学为主的优秀的文化。随着网络的发展，语文课的知识系统还会发生新的变化，比如汉字处理技术，可能走进未来的语文课堂，而传统语文教学中一些作为重点学习的知识，比如语法，也可能淡化。所以，优化学生的认知目标十分迫切。优化学生认知目标应坚持以下四大基本原则。

1. 人文性原则

人文性原则既是时代发展大趋势的必然结果，又是教育"立人"的自然要求。语文学科应首先高举"弘扬人文精神"的大旗。学生人文精神的形成和完美人格的形成并非孤立的、空洞的说教就可以达到，而是贯穿于整个知识教育过程之中的感染熏陶和潜移默化。为此，教师在传授知识时，必须将知识融进文化大背景中，增强知识的文化厚重感。

例如，学习文言文字词，就不妨有分寸地涉猎文字学知识，尤其是汉字的演变。汉字被誉为中国的"第五大发明"，是中国对人类文明的一大贡献。历史上中国文字统一，奠定了中华民族统一的基础，并成为联结海内外炎黄子孙的精神纽带和文化之根，对中国几千年来无间断的延续起到了决定性的作用。中国的汉字史也是一部文化史，一个汉字往往包含着古代的天文、地理、习俗等，也涉及许多典故、逸事。学习文字知识，不仅有利于学生举一反三地学习文言文，还有利于激活、感染学生，积淀其比较丰厚的文化底蕴，培养其对传统文化的热爱和民族自豪感。

2. 前瞻性原则

信息时代的最大特征就是瞬息万变，知识更新快。新时代的语文显然不能抱着以不变应万变的思想。为此，优化学生认知目标必须考虑语文知识的前瞻性，语文知识的优化应与现代科学理论的前沿结合起来。例如，现代语言学、现代阅读学、现代写作学等理论就应在语文课堂中体现出来。时代变化了，语言发展了，语文只有始终举起敏锐的触觉才有"立人"的希望。前瞻性的语文知识往往源于具有前瞻性眼力和思维的语文教师，很大程度上也只能源于这样的教师；而教材作为语文知识的载体，在一定时期内是固定的，但在编写教材时应考虑教师学生可能拓展的空间。

3. 实用性原则

语文知识优化的最终效果体现在"实用"上。或有助于学生学习、生存、工作，或有助于学生提高道德修养、审美情趣、思维品质和文化品位，发展健康个性，形成健全人格。为此，应当引导学生把所学的语文知识转化为技能，正确的知识必须和运用知识的技巧结合起来。

4. 适宜性原则

认知目标的优化还要讲求"适宜性"。我们优化的服务对象是广大学生，倘若只从我们的视角看而不顾广大学生实际，那我们的优化最终达不到目的。"适宜性"最主要体现在两方面：精要和易懂。语文知识教学的主要矛盾是语文知识的丰富性与学生的实际接受能力之间的矛盾。语文知识不但项目多，而且各项又自成体系，内容复杂而艰深。但学生学习时间和接受能力都极为有限。因此，我们只有优化认知目标，筛选、精简出各项知识中最关紧要的、最切实用的点子，把最精粹的知识传授给学生。优化认知目标是"减负提质"，而不是增加知识难度。优化后的目标体系应是通俗的，并紧扣实际的，决不能留下一些抽象的概念、晦涩的术语。优化后的目标体系应突出运用，更好地指导学生的听、说、读、写的言语活动。

（二）情感目标

语文学科与其他学科明显不同的就是语文的情感性。人学习、掌握母语的过程就是人成为人的过程。人人化、社会化的过程就是人追求自我完善（包括人的尊严、价值、个性、理想、信念、品德、情操等方面）的过程。这一过程则体现在情感的自我完善上。为此，人文精神层面目标的实现应依赖于具体的情感的培养，甚至创新精神的培养也依赖于这一点。"情商"这一概念的提出就足以说明情感与智力、创新能力的密切关系。语文教学应该优化以爱为核心的求真、求善、求美的情感，具体而言，应包括审美情感、理智感、道德感、爱国主义情感等方面。

1. 审美情感

审美情感，即美感、人对美的体验。它是根据美的需要按照个人所掌握的审美标准，对客观事物评价时所产生的情感。不仅物质美使人有美的体验，行为美、语言美、心灵美，也会使人产生美的体验。美能在人的心灵上唤起无私的、真诚的、快活的、自由的情感。美没有对功利的直接的期望，它对于人是精神意义上的，使人精神愉悦、充实。

审美教育非常重要，一个人如果从童年时期就受到美的教育，特别是读过一些好书，那么他善于感受并高度赞赏一切美好事物。美，首先是艺术珍品，能培养细致入微的性格。性格越细致，人对世界的认识越敏锐，从而对世界的贡献也越多。法国文学家卢梭在《爱弥儿》中说过，"有了审美能力，一个人的心灵就能在不知不觉中接受各种美的观念，并且最后接受同美的观念相联系的道德观念。"从某种意义上说，美育甚至是教育之基本。但是，美的鉴赏力不是人天生的能力，它是由美的环境、美育培养成的，语文教学就是美育的最好阵地。引导学生去感受美、理解美、发现美、创造美，这是语文教师责无旁贷的任务。

2. 理智感

理智感，从心理学角度讲，即人在认识过程中所产生的情感。这是一种对自身情感施加某种自我约束的情感，这种情感遵循、服从一定的原则和逻辑规范。理智感的表现形式有好奇感、求知感、怀疑感、自信感以及对真理的热爱、对偏见憎恨等，属于高级情感。

语文教学是培养情感的，培养健康的、有涵养的、雅致的情感。培养学生的理智感便是为学生建筑一道情感"防火墙"。理智感是一个人走向成熟的标志，也是人类走向成熟的标志。有了理智感，学生才能真正做到"学会认知、学会做事、学会共同生活、学会生存"。理智感也是学生创新的情感基础。创新不是不可捉摸的，而是借助理智感可以把握的，甚至更多的是依靠理智感获取的。理智感是从认知过程中产生和发展起来的，又反过来推动认知过程进一步深入，成为认识世界和改造世界的动力。

3.道德感

道德感是伴随道德认识而出现的一种内心体验，即人们的道德需要是否得到实现或满足时所产生的内心体验。道德感和道德信念、道德判断紧密相关。人们在运用一定的道德判断去衡量或评价自己的道德行为时，必然产生种种情绪体验。培养学生积极的、稳定的情感体验，进而形成学生正确的道德判断、坚定的道德信念是极为必要的。

4.爱国主义情感

爱国主义就是千百年来巩固起来的对自己祖国的一种最深厚的感情。一个人对家乡、祖国语言、民族传统的眷恋是很自然的。但是，这并不等于不用引导、不用教育。语文教师要为其进行爱国主义教育，这也能促进其他方面的教育。

（三）语文技能目标

语文技能目标应包括听、说、读、写、思五大方面，最终上升为创新技能。这种上升不是自然而然的，创新技能的培养只有融合在听、说、读、写、思的实践过程中才能很好地完成。听、说、读、写、思的实践过程亦不是孤立的，必须与相关知识紧密结合才能完成。要达到会听、会说、会读、会写、会思，进而会创新，就必须完成两大积淀：一是丰富的语汇；二是丰富的素材。

1.关于听、说、读、写、思的技能目标

尽管听、说、读、写、思是相对独立的，但终因其都以言语为中介而有共同的技能目标，即以培养语感为中心的技能目标。语感是"思维并不直接参与作用而由无意识替代的在感觉层面进行言语活动的能力"。语感是人把握言语的主要方式。"人不仅在思维中，而且以全部感觉在对象世界中肯定自己。"思维和感觉是相互对峙而又相互关联的。就言语而言，其思维必以感觉为前提，只有先被感觉然后才能被思维。所以，在日常的听、说、读、写、思活动中，总是以"感"为主，以"思"为辅。言语活动显然是有"游戏规则"的，但在一般情况下，言语活动常常是"不假思索"的。

2.关于思的技能训练

思的技能训练是与言语活动的实践密不可分的。思的技能训练包括观察力、记忆力、想象力、思维力等的训练。

（1）观察力

观察力，不同于一般的参观、看一看等常规的注视，而是与人的积极的思维活动密切联系的。概括地说，观察不仅要通过看一看、听一听、摸一摸等多种感觉活动，而且要调动大脑对感觉的对象进行综合性知觉。"观"，在此基础上，进而发现问题以疑引思。"察"，包括生疑、质疑，最后达到释疑。也就是说，知觉与积极的思维结合，才能构成一定的观察活动。观察力是怎样发展起来的呢？广博的基础知识，是发展观察力的重要基石；做生活的有心人，充分地感受生活，进而驾驭生活是发展观察力的关键。提高观察效果，必须有正确的思想方法、坚强的意志、严谨的科学态度，要消除偏见，注意捕捉"细小"新现象；提高观察效果，也必须养成良好的习惯，做好"三常"（常预见，常联想，常变思路）。

（2）记忆力

记忆是智慧的仓库，没有积累丰富的语言材料，便不可能有生动的言语智慧优化语文教学目标，重视记诵在言语学习中的重要地位，这是由文字语言本身的属性所决定的。就语文学科而言，我们要着重发展学生的形象记忆能力、情绪记忆能力，这也是由文字语言本身的属性所决定的。

（3）想象力

爱因斯坦说过，"想象力比知识更重要，因为知识是有限的，而想象力概括着世界的一切，推动着进步，并且是知识的源泉，严格地说，想象力是科学研究中的实在因素。"培养学生的想象力，方法的指导固然重要，但真正关键的是培养学生自由、独立的个性与精神，而这种个性与精神源于教师的民主、平等的教育理念。

（4）思维力

语文学科具有发展思维能力的优越条件，因为思维和语言是不可分割的。俄国教育家乌申斯基强调，"语言并不是什么脱离思想的东西，相反，语言乃是思想的有机创造，它扎根于思想之中，并且从思想不断地发展起来。所以，要想发展学生的语言，首先要发展他的思维能力。离开了思想单独地发展语言是不可能的；在发展思维以前先发展语言甚至是有害的"。思维力的培养应着重训练分析、综合、抽象、概括、比较、归纳、演绎等能力。思维力的训练是长期的、持久的，不可能凭借几节课就能使学生掌握。

3.关于创新技能目标

创新技能的培养是一切语文技能培养的最终归宿，也是一切语文技能训练必须伴随的同步训练，这也是优化思想的真正体现。创新技能的培养主要应让学生掌握和运用创新技法，这些技法包括组合、移植、逆反、迂回、换元、分离、强化、群体等。

（1）组合技法

人们只要把两种或两种以上的软件或硬件适当地组合在一起就可以创造出新的事物。橡皮与铅笔组合在一起就创造出方便的橡皮铅笔，诗和小说组合在一起就创造出新的文体——诗体小说。

（2）移植技法

人们只要把已知的概念、原理或方法直接或稍加改造后移植到其他领域就可实现创新。毕加索是立体主义绘画大师，他的画价值连城，而他正是移植了中国古代绘画艺术的写意精神；庞德是西方意象派诗歌的代表人物，而他也是移植了中国古典诗歌"立象以尽意"的表现法。

（3）逆反技法

当从一个方向久攻不克时，从另一个方向就可能发现转折点。春秋战国诸子思想便是彼此否定而各立宏论的。

（4）迂回技法

当从一个主攻方向不能得手时，就可以从其他路径进攻。"明修栈道，暗度陈仓"便是运用这一原理的范例。

（5）换元技法

人们可以通过替换的方法解决问题或产生新事物。神经学专家为了研究人的神经而用白鼠做试验，将复杂问题简单化，这便是换元原理的运用。

（6）分离技法

人们可以通过对已知事物进行分解、离散而产生新的事物，与组合技法相反。

（7）强化技法

人们可以通过对现有事物在结构、尺寸及功能上进行浓缩或扩充而产生新事物。

（8）群体技法

人们可以发挥集体思维的作用，在集体中，人的智力会产生一系列效应，思想与思想的碰撞最易激发创新的火花。讨论式教学便是这一原理的运用。

在教学过程中，教师要自始至终引导学生利用这八大技法思考问题，只有如此，学生才能形成创新能力。当然，单是创新技能的训练是达不到优化的预期效果的，教师应力图营造一种自由、平等、民主的崇尚创新的课堂教学氛围。

二、目标优化的有效模式

（一）目标教学是语文课堂教学目标优化的创造

数十年的语文教改探索积淀了丰厚的教学理论和经验，但是终因语文学科教、学、考、评等几个环节缺乏明确、统一、科学的目标，语文教学一直徘徊在原地，难以走出低谷。从某种意义上来说，科学的制定语文学习、教学、考评、检测等环节目标，是语文教改的关键一步。如果语文学科有了明确、科学的目标系统，教师为实现一个个特定的教学目标而教，学生为达到一个个特定的学习目标而学，同样也按目标考评、检测，那么，语文教学就可能一反低迷状态而生机勃发，登上一个新的平台。目标教学模式正是在这样的背景下提出的，它是信息论、控制论、系统论三论在语文教学中的具体运用。优化语文课堂教学目标的工作应具体落实在目标教学上。

目标教学的优势显而易见：①有利于激活学生学习动机和兴趣。在目标教学的各个环节中，学生可从达标检测中及时获得信息反馈，能及时把握自己现有水平和进展方向。目标实现易激起学生的成就感、满足感；反之，学生也能迅速矫正、弥补。②有利于克服教、学、考、评等各个环节的盲目性、随意性、波动性。教学活动始终围绕目标进行，容易做到有章可循，对症下药。③有利于面向全体学生实施分层、异步等因材施教的教学。在这一点上，传统教学很难做到。实施目标教学也不是一件容易的事，技术层面的目标容易系统化的制定和落实，但精神层面的目标却很难以系统化和数量指标化来实现。

（二）语文课堂目标教学的基本环节及其优化

1. 示标

示标是课堂第一阶段。教师向学生出示课堂目标，确定该课堂所要完成的教学任务。示标阶段须注意两点：①目标应面向全体学生，分层定位，异步达标。目标教学的最终目的是让全体学生达标，夺取大面积丰收。②目标的制定应尽可能由师生共同制定。目标有了充分的透明度，学生知道自己对所学的知识要达到哪个水平层次，心中有数才能有的放矢。

2. 释标

释标是课堂第二阶段。师生共同讨论、研究、阐释所制定的教学目标。在这一阶段，学生在教师的引导下分析目标所包含的要素及内涵，并确定达标所需要的途径和方法，为进一步学习做好知识和方法上的准备。释标阶段要注意两点：①要广泛联系已有的知识，把握好各类学生的"最近发展区"，让学生"跳一跳，能摘到"。②要精心设计启发方案，以求达到训练的最佳效果。

3. 练标

练标是课堂第三阶段，也是关键阶段。教师应精心设计达标的训练方案和引导措施，激励学生自觉投入训练以期达标。这一过程中要注意四点：①训练指导要面向全体学生，不能只盯着几个尖子而让大多学生处于视觉"盲点"上。②训练的质量要高，数量要精。质与量的最佳结合便是教学优化的必要条件。③要及时反馈，及时矫正。要及时避免学生在训练中失误的积累。失误积累过多，易使学生丧失信心，滋生厌学情绪。这是目标教学尤其要避免的问题。④教师要善于营造一种严肃紧张而又活泼向上的教学氛围。教师尊重、爱护学生，学生尊敬、信赖教师，师生之间和生生之间形成一股教学合力，其效果必然最佳。

4.测标

测标是课堂的第四阶段。通过训练、反馈、矫正，学生达标情况尚需检测。测标阶段应注意以下两点：①检测方式应具有优化性、创新性，既精要又实在。②重视学生测验信息的及时再反馈。

除这四个阶段外，目标教学的课堂还应有两个附加成分：①开课时的激活性导语。②结课时的强化标的结语。虽是附加，但作用不可忽视。目标教学的整个过程中，始终要以现代教学理念为指南，只有有了正确的学生主体观、质量评价观、和谐教学观等新观念，目标教学才能走出一条新路。

第三节　语文课堂学习环境优化

一、语文课堂教学优化环境的营造

语文课堂教学优化环境的营造牵涉面广，它涉及包括经费在内的一系列问题。这里主要分析语文教师的主导作用，尽可能科学、高效地调用课堂环境诸要素，使之优化组合，形成民主性、暗示性和认知性的学习环境。

（一）民主性环境的营造

教学民主是教学中的一种教风和学风，表现为师生在教学活动中相互尊重、相互信任、相互配合、相互促进，以伙伴式的关系共同完成教学任务。民主性教学环境是相对于专制性或强制性教学环境而言的。营造这种宽松的环境，目的是让学生在一种"心理自由"与"心理安全"的状态下发挥学习的主观能动作用，从而取得良好的学习效果。

营造民主性的课堂教学环境是优化课堂教学过程的必然要求，因为语文学习是一种创造性的复杂智能活动，这种活动要求学生思想解放和富有强烈的探索精神，而这在很大程度上需要环境的保护与支持。

教学过程较一般的认识过程具有特殊性，它包含着学生、教师两个认识主体和主要由双方组成的认识客体。其中，师生都具有主观能动性，他们互为认识的主体和客体。教学过程不仅要解决师生对教材、教学环境和教学方法的认识问题，还要解决师生互为认识主体又互为认识客体的相互认识问题。在这样一种相互作用、相互制约的教学过程中，如果没有"在真理面前人人平等"的民主的氛围和机制，师生就不可能真正做到相互促进和相互作用。否则，只能是师对生的主观意志的传授式教学。这样，学生学习的探索精神和主体能动性被压抑、扼杀了，他们的创造性也就被教师的主观意志代替了。显然，这种环境根本不可能有语文教学过程的优化。民主性课堂学习环境的营造通常可以采取以下策略。

1. 实行学生"自治"性的教学管理

学生"自治"即让学生在学习中自我管理、自我调控。学生"自治"是教育民主思想在教学管理中的具体体现，其关键是要给予学生学习的自主权。具体来说，教师应尊重学生的个性和习惯，给学生留有学习"自治"的时间，允许他们按照自己的意愿和方法，去做自己想做的事，允许他们运用自己的方式方法获得同样的学习效果。同时，教师要让学生参与教学管理，师生共同制订教学计划，共同遵守有关要求，共同监督计划的执行，共同评价计划的完成情况。教师的主导作用主要体现在指导学生"自治"管理，帮助学生形成、提高自我管理能力和自学能力。

例如，语文教育改革家、著名特级教师魏书生为了培养学生的语文自学能力，十分重视学生的自立。他认为，语文教学改革的主要凭借是"一靠民主，二靠科学"。民主解决学生学习的积极性、主动性的问题，解决教师为学生服务，同学生齐心协力搞教改的问题；而科学解决语文知识结构科学化、语文能力结构科学化的问题，解决学生科学的学法和教师科学的教法的问题。在"民主""科学"思想的指导下，魏书生把对学生能力的培养看成是一个科学管理的过程。他建立了让学生自主、自治的系统的管理制度，这些制度有效地培养了学生学习语文的自觉性和创造性，极大地提高了语文教学的水平和质量。

2. 实行参与式教学

参与式教学是与依赖式教学相对的一种教学类型。它强调师生间的相互作用，鼓励学生根据自身的特点参与教学目标的制定，采用自己认为最好的方式，去圆满地达到自己所制定的个人学习目标。这种教学的特点是"多维性"，即多种目标、多种结果。实行参与式教学，可以让学生切实享受民主的权利，通过自我来充分调动学习的能动性，是优化语文课堂教学的重要途径。语文教学实行参与式教学，主要应考虑以下几点。

（1）给学生多提供自由选择的学习机会

例如，一篇课文或一个单元的教学目标可以确定为基本目标和较高目标，由学生选择所要达到的目标；作业可以分为基本部分和非基本部分，让学生自由选择完成；作文配套多个命题，让学生选择；可以开设选修课，允许学生选学等。

（2）给学生课堂学习的自主权

在教学中随时与学生"商量"，不仅教学设想和教学计划与学生商量，每次上课的教学目的、教学内容和教学方法也与学生商量，甚至公开课上学什么、学多少、学到什么程度，仍然与学生商量。这种教风给了学生充分的自主权，让师生真正处于平等地位，从而将教师的意愿转化为学生自己的意愿，给课堂带来了活力和生机。在这种环境中，学生以主人的高度责任感自觉学习探索，学习潜力得以充分发挥。

（3）开展"自治"性的学习活动

例如，让学生命考题，评试卷，互改作业、作文；让学生设计讨论题，主持讨论；让学生上台讲课，当小老师，做个别辅导等。

3.实施"开放性"的教学

"开放性"的教学是相对于传统的封闭式教学而言的。这种教学的特点是师生共同交流和切磋讨论，让学生思想开放，心灵自由。实施"开放性"教学必须做到以下两点：①采用多种让学生参与教学的方式。例如，课堂上可以自学、讨论、书面练习、质疑释疑以及演讲、辩论、演课本剧等活动，让学生自由地发挥自身的语文学习个性。②坚持平等自由地探讨问题。"开放性"的教学应坚持师生平等、教学相长的原则；同时，还应创造一种畅所欲言的课堂氛围，切忌采用简单、生硬的方式压制。

（二）暗示性环境的营造

暗示是在无对抗态度条件下用含蓄的、间接的方法对人的心理和行为产生影响。暗示性学习环境着眼于学生的心理、生理潜力的开发，激发学生的学习动机和求知欲，激活学生的无意识活动和情感活动，主要是指利用能刺激情绪和给人以外围知觉的教学手段，创造出适宜的学习环境，激发学生学习的心理动因和良好的学习体验，让它们与有意识活动和理智活动协调配合，从而充分发挥大脑的整体功能，达到最佳的学习效果。

暗示性环境的营造重在形成一种轻松愉快、自由和谐的教师乐教和学生乐学的氛围，形成一种与语言学习内容认知相适宜的场景。教师亲切的态度、饱满的情绪、生动的表情、节奏分明的语调以及与课题学习协调的空间、通风、采光、色彩、媒体等，都是构成暗示性环境的因素，都能直接诉诸学生的直觉和感情，打动他们的身心，引起他们无意识的、模糊的知觉活动，充分发挥出大脑活动的认识机能。暗示性课堂学习环境的营造可以采用以下几个策略。

1.创造协调气氛

暗示是针对无意识的，暗示环境的作用就是激活无意识，使它与有意识协同活动。暗示学的创始人、保加利亚教育家洛托诺夫认为，感情和想象是无意识心理倾向的重要构成部分。这也就是说，要发挥环境的暗示作用，首要发挥教师感情的投影作用和调控作用，以教师积极的情感去激发学生的情感世界，创造出适合于有效发挥暗示作用的协调气氛。

情感具有感染性，在课堂教学环境中，教师的教学情感可以感染学生，使之产生同样的情感。一般来说，学生课堂的情感体验与教师的教学情感同质，教师的情感性质影响着学生的情感世界。教师积极的情感、欢快的情绪，能使学生精神振奋、智力活跃，容易形成新的联系；相反，消极的情绪则抑制学生的智力活动。学生高高兴兴地学与愁眉苦脸地学，效果截然不同。教师的作用，就在于调动各种因素，使学生始终在愉快而不紧张的气氛中学习；与此同时，努力促进班级中师生间、生生间的和谐的人际关系的建立，并注意调控学生的情感状态，使班级的情感状态与课堂教学内容的情感因素有机融合。这样，学生便可以始终处于乐学的情绪状态之中，积极主动地学习，确保教学环境的暗示性作用的实现。

2. 创设教学情境

保加利亚医学博士乔治·洛托诺夫指出，"即使最强烈的观念，除非和个人的无意识心理倾向结合，和他的态度动机结合，并且和他个人的情绪、智能、意志以及需要等特性协调，否则是不可能产生暗示的效果的"。这表明了发挥环境的暗示作用，必须从态度、动机等心理因素着手。而巧妙创设教学情景，是激活学生的心理动因的基本途径。

教学情境指教师依据完成课时教学任务的需要，调用各种教学手段，设置引导学生进入课题的教学情景。教学的全部信息在一定的课堂教学情境中进行传递，而良好的课堂教学情境有助于激发学习兴趣，有助于信息的有效传递。创设教学情境，可以使语文教学内容具有浓厚的趣味性和实用性，这样既可以排除学生因高容量而产生的困难感，又能激发学生掌握教材的动机，引起学生接收信息的兴趣，激活他们的无意识心理，调动他们的认知潜能，从而高速掌握和消化所教的学科知识。

创设情境的手段很多，如在上课时伴以音乐，在游戏活动中传授知识等。特别是随着多媒体和网络技术在教育教学中的运用，创设教学情境的基本手段已有了很大的改变。借助于多媒体和网络技术，运用更为直观可感、具体可闻的影像、图片等资料，可以实现"生活显示情境、实物演示情境、音乐渲染情境、图画再现情境、语言描述情境"等情境的创设。与传统的情境创设相比，多媒体网络技术的情境创设具有更直观、生动，信息量更大、吸引力更强等特点。随着课程改革的推进和新的课型的出现，教学情境的创设必将有更多更新的手段，但无论运用什么样的手段来完成，都必须注意与课时内容吻合，贴近学生生活实际，适度而不喧宾夺主，符合学生身心发展的水平与特点，情境富于变化。

3.打造课堂艺术

兴趣是感情的体现，能促使和保持动机的产生。课堂学习环境中的情景、图示、音乐、节拍、声调等，都是重要的暗示手段，利用好这些情绪刺激源和外围知觉对象就能有效地激发学生学习兴趣，开发课堂学习潜能。

情景、图示、音乐、节拍、声调是语文课堂重要的组成部分，借助这些有效的形式、色彩、节奏和韵律，直接诉诸学生的直觉和感情，可以打动学生的身心。在教学过程中，适当利用电影、戏剧等艺术形式，把有关教学内容的基本原理和规则系统与音乐舞蹈、表演等联系起来，有助于激发学习潜能，获得心理上和教学上的效果。语文教师要善于利用这些外在的情绪刺激源来营造暗示性的学习环境。

（三）认知性学习环境的营造

1.认知性课堂学习环境的特征

（1）知识信息富足

"语文"学科的内容无论如何理解，其表现形式都是以语言文字为载体来传达信息，所有环境的设置都必须围绕着传达信息这一中心。知识信息越丰富，越利于学生认知水平的提高，也直接关系到学习效率和效度。

（2）符合认知规律

课堂的知识容量的多少，程度的深浅，传输方式的变化要能体现学龄段的差异，要由一般到特殊，由简单到复杂，由低级到高级，由具体到抽象，要体现出由实践—认识—实践—再认识—再实践的两次飞跃。

（3）重视方法与技能

课堂传授的不应只是零敲碎打的语言知识，而应是语文学科学习的理念和基本方法，只有关于方法的知识才是最可贵的知识。认知性学习环境的营造应着眼于学生心智的健康发展，坚持科学性与实用性相结合的原则；着眼于实现学科知识的高效传授，要坚持稳定性和渐进性相结合的原则；着眼于培养学生学会学习，终身学习，要坚持发展性和可持续性相结合的原则。

2.认知性学习环境的营造策略

（1）提供富足信息

根据信息的来源及内容的不同，课堂信息可分为学科知识信息、思想道德信息、心理情感信息和交叉学科信息。语文学科知识信息包含语音、语词、语法、修辞、逻辑、文学、文化、听说读写等方面的信息和汉语所特有的文言文信息等。思想道德信息包括中国传统的伦理信息、中国现代的道德信息、进步的思想信息和科学共产主义信息等。心理情感信息包括健全人格信息、健康心理信息、积极高雅的情感信息等。

语文学科的课堂学习还广泛牵涉到历史学、经济学等学科的知识，就是数、理、化等学科的知识也常出现于语文课堂和言语实际中。所以，丰富而科学的信息是认知性课堂环境的基本内容，提供的信息量越丰富，越利于学生心智的健康发展。为此，教师要做到：努力提高自己的学识修养，既要成为语文学科的专家，又要成为博闻强记的杂家；充分使用多媒体等现代教育技术补充语文教材信息量的不足；掌握先进的教学方法，做到举重若轻，化繁为简，以避免知识信息富足产生的枯燥感、零乱感；有意识地注意收集和整理最新的知识信息；注意课堂信息的丰富性和适度性；传授学习方法，揭示语文学习规律，将陈述性知识、程序性知识、策略性知识相结合。

（2）广开信息渠道

语文课堂信息量大并不意味着学生在课堂上获取的信息量就多，这当中牵涉到负载信息的语言载体和知识传输的形态等问题。优化了的课堂应充分调用最富含科技含量的教学手段来提高载体的信息容量，转换信息的传输形态。有关研究表明，单用口头语言（即以教师讲授的形式）或单用书面语言（即学生阅读的形式）来传播知识，学生实际获得的教学信息会大大减损，因而在课堂学习环境的创设中，就要在教学信息的传输方式上大做文章。除采用传统的讲授方式以作用于学生的听觉器官和传统的阅读方式以作用于学生的视觉器官以外，还应采用多媒体的音像载体，采用挂图、实物、幻灯、模型等实物载体同时作用于学生的听觉器官、视觉器官、触觉器官等，变单向机械的信息刺激为多向生动的刺激，实现课堂信息直观生动地"多向辐射"。

（3）调配课堂环境要素

大量研究表明，采用学生自己喜爱的学习方式组织教学会使他们获得更好的成绩。在班级授课制的组织形式之下，这一点显然极难做到。但我们仍可通过调配课堂环境要素的方法尽量达到课堂学习环境的优化。主要可以从以下几方面着手。

①调控教室光线。一般认为，学生在光线充足的教室里学习效果最佳，但实际研究结果表明，只有部分学生在光线充足时才学得最好，因而可以采用灯光调控、设置书橱、添置屏风等办法在教室中布置一些光线强弱不同的小区域，并允许学生选择适合自己的位置。

②保持课堂合适温差。实际情况是不同年龄和性别的学生对课堂温度相求

差异较大，因而教师要指导学生了解自己对温度条件的要求，保持教室不同区间的温度差，供学生自主选用。

③设置适宜音乐。一般认为，学生在安静的课堂中学习效果最佳，但许多学生学习中有音乐相伴，效果更好，因而根据课堂教学内容，利用课堂中的教学设施，提供适宜的音乐，有助于学生认知效果的提高。

④课堂组织灵活。一般认为，实行集体授课效果最佳，但学生的个性差异，学习中对外在环境的依托程度较悬殊，因而组织课堂教学时，应遵从设法让学生学得更好的原则，让学生选择独立、成对、成组的多种组织形式。

（4）完善课堂管理

作为课堂学习软环境的重要组成部分，传统意义上的课堂管理都是由教师作为管理标准的执行者来实现，这既没达到民主化的要求，又不利于课堂环境功能的发挥。课堂管理具有对学习行为的启动、导向、激励、反馈和调控功能，可以成为学生个体的行为准则，促使个体约束自己的行为，可以逐步形成班级的习惯，在长期的执行中形成班风和学风。班风和学风一旦成为班级的集体意识和共同的行为规范，必将对课堂学习的个体和全体产生积极的影响，成为学生认知和评价自己行为的标准，成为"维持、巩固、发展班级的支柱"。作为课堂学习软环境的课堂管理，一定要充分发扬民主，师生共同参与。课堂管理的制度、办法措施，都要民主决策，共同遵守，以形成班级共同的积极向上的学习态度，营造出良好的认知氛围，保证课堂教学的质量。

二、语文课堂优化环境的功能

课堂学习环境是指在课堂教学活动中，影响教师教和学生学的内外条件。课堂是一种特殊的社会环境，其构成要素众多。从内容构成看，可以分为物理环境、心理环境和信息环境。课堂学习环境也可分为"硬环境"和"软环境"两大类："硬环境"主要由课堂的主要构成要素"人"和课堂基本教学设施构成；

"软环境"主要由风气、学习气氛、师生关系、学习制度等要素构成。

课堂学习环境的优化，是指教师依据教学目标的需要，选用恰当的行为策略调配环境各构成要素，调控对环境要素使用的过程，调适对环境要素的使用效果，以确保教学目标最好地实现。语文学科作为人文性和学习过程互动性很强的学科，其教学任务的完成和教学目标的实现有赖于语文课堂学习环境的优化。简略来说，优化的语文课堂学习环境具有五大基本功能：陶冶功能、发动功能、认知功能、激活功能和创新功能。

（一）陶冶功能

陶冶功能指语文课堂优化环境能陶冶学生的心理，有利于培养学生健康高尚的审美情操，形成他们良好的道德品质。语文课堂环境的陶冶功能主要是由优化环境作用于语文的人文性内涵而产生的。语文反映人类社会的事、理、情、态，表现民族精神、民族情操、民族审美情趣，负载着丰富多彩的文化。优化的语文课堂教学环境师生关系和谐，课堂气氛融洽，学习轻松愉悦，加之媒体教学设施运用的直观性、情境性的效应，可以让学生达到最佳的学习境界。进入这种境界，学生便可以在一种愉悦的接受心理状态下，自然地将自我精神世界与语文所表现的人类崇高的精神世界融为一体，实现情操的陶冶和道德的升华。即使是文字、词语和语法的学习内容，也会因为环境的优化而妙趣横生，培养起学生对中国语言、文字的深厚的感情，使学生受到思想感情的熏陶。

与此同时，在优化的语文课堂环境中，有师生互爱互助的情感美，有课堂气氛愉快而轻松的和谐美，有师生共同追求真理的理智美，有语文教学过程的艺术美等，这些都构成语文课堂的审美要素，可以满足学生审美情感的需要，让他们在潜移默化中实现以美育德、以美养心的目标。

（二）发动功能

发动功能是指语文课堂的优化环境能激发学生语文学习的动机和兴趣等心

理动因，使他们自觉参与语文教学过程，主动积极地进行学习活动。优化的语文课堂学习环境是一个开放性的和师生互动的学习环境，学生学习的主体地位得到充分的尊重，学习的途径和方法呈现出多元化的态势，师生、生生的双方、多方活动体现得十分充分，现代教学手段运用十分普及。这种民主、平等、自主的氛围和机制可以让学生充分体验到在语文课堂学习中的主体地位，从而增强学习的自觉性，把学习作为自身的内在需要，产生强烈的语文学习的动机和兴趣。

在优化的语文课堂学习环境中，师生处于平等的地位，互相理解、信任、尊重，加之现代教育技术将语文学习内容的生动性、形象性的优势充分发挥，创设出动人的教学情境，也能激发学生语文学习的心理动因。

（三）认知功能

认知功能是指语文课堂优化环境能促进学生在语文学习中的认知活动，帮助他们顺利地掌握语文知识。优化的语文课堂学习环境能呈现与语文学习内容相宜的情境，让学生在生动活泼的言语情境中接收和输出知识信息，这有利于学生在课堂不断地感受、识别、筛选、储存知识信息，并根据已有的认知结构进行分析，形成头脑中新的认知结构。同时，优化的语文课堂学习环境，通常呈现着问题情境，这些问题情境有助于启发和调动学生思维的积极性；可以让学生充分发挥自己认识的能动性，并在师生互动、生生互动的多向互动中，提高自己分析问题、解决问题的能力，从而切实掌握语文知识，实现语文学习的优化。

（四）激活功能

激活功能是指语文课堂优化环境能激活学生的潜意识，参与语文学习认识活动，使他们的内在潜能充分释放出来，进行高效的学习。潜意识相对于显意识而言，又称无意识，心理学上指潜伏在意识之下的不知不觉、没有意识的心理活动，它是人的一种潜在的能量。从某种意义上说，教学的优化就是对人脑的开发，让学生的潜能得到释放，配合显意识积极进行学习认识活动，从而取得最佳的学习效果。潜意识的激活需要有轻松、愉快的学习环境，而优化的语文课堂学习环境确立了学生的主体地位，营造了民主的教学氛围，可以让学生在轻松、愉快的环境中使潜意识活跃起来，释放出巨大的学习潜能。

（五）创新功能

创新功能是指语文课堂优化环境有助于学生积极探索，充分发挥自己思维的独立性、批判性和创造性，促进他们语文创新能力的形成。创造性学习需要相宜的学习环境来推动、激励。现代心理学认为，创造性学习的动力主要有三点：一是激情的推动；二是强烈求知欲的驱使；三是不断进取的鞭策。优化的语文课堂学习环境充满着民主平等的学习气氛、畅所欲言的自由空气、竞争而又合作的学习关系，这种学习环境能激发并维持学生的学习热情，驱使、鞭策学生不断进取、求异创新。

第八章 大学语文教学和谐课堂创设

第一节 和谐课堂教学的创设理论基础

一、哲学基础

任何一门学科的建立都需要有哲学的指导，和谐课堂教学的构建也离不开哲学思想的指导。用普遍联系和永恒发展的观点把和谐课堂教学的构建置于多种因素相互联系的动态过程中进行研究。用辩证唯物法的对立统一规律、否定之否定规律去探讨和谐课堂教学的构建，用量变质变规律去分析课堂教学过程的变化。用内因和外因的辩证关系来分析学生的主体性和创造和谐的课堂教学环境，用整体和部分的辩证关系来对和谐课堂教学进行整体构建。

课堂教学是一个系统，它是由若干教学要素构成，如教师、学生、教学内容、教学方法、教学手段等，这些教学要素又是相互联系的，它们之间既存在着和谐的一面，又存在着不和谐的一面，和谐与不和谐这种对立统一的矛盾贯穿于整个课堂教学中，推动教学过程的不断发展。否定之否定规律告诉我们事物是肯定方面和否定方面的统一，否定是对旧事物的质的根本否定，但不是对旧事物的简单抛弃，而是变革和继承相统一的扬弃。因此，课堂教学中某些不和谐的音符是对学生有利的，它们是学生创造性思维发展的源泉，我们要充分利用这一因素；而有些不和谐是不利于课堂教学和学生发展的，我们要创设一定的条件使这部分不利的不和谐向和谐转化。和谐是有层次的，往往经历着从"不和谐"到"和谐"，再到"不和谐"再到"更高层次的和谐"，这种周期性的螺旋式发展过程体现了矛盾运动的规律。和谐课堂教学也同样经过"和谐"到"不和谐"到"更高层次的和谐"这种周期性的螺旋式发展过程，这一次次蜕变和发展使得师生关系更加融洽，课堂教学更具活力与创造力。和谐课堂教学强调内外部教学因素的统一发展，外因是事物发展的重要条件，内因是事物发展的根本原因，我们应创造和谐的课堂教学环境促进学生的和谐发展，但更应该注重学生的主体性、自主性和主动性，强调学生将教育影响不断内化为自己的思想、能力和素质。另外，课堂教学是由若干相互联系的教学要素所组成的有机整体，但整体不是部分的简单相加，整体是各个部分有机的结合，当各部分以有序、合理、优化的结构形成整体时，整体功能大于各部分功能之和。因此，我们要合理地协调各种教学要素，使其达到融合与统一，整个教学过程处于一种动态的多样化的平衡状态，课堂教学达到最优化，发挥其整体功能，产生最佳的教学效果。

二、心理学基础

和谐课堂教学的构建与心理科学（包括普通心理学、发展心理学、教育心理学、社会心理学等）有密切联系。只有以心理学为重要的理论基础，和谐课堂教学的构建才会有扎实的基础。在课堂教学中，教师和学生的心理研究是构建和谐课堂教学的重要基础。要研究教师"教"的和谐，教师的思维特点、个性倾向、能力品质等都离不开心理学。要研究学生"学"的和谐，学生的身心发展、认知结构、元认知水平、非智力因素等也离不开心理学。心理学知识告诉我们，动机是行为的内在动力，它决定行为的发生和方向。如果机体的行为没有动机的驱使，这种机体就是被动的，不会主动习得，外界的强化也就不会对机体产生良好的刺激效果。美国心理学家布鲁纳指出，最好的学习动机是学生对所学知识本身的内部兴趣。因此，教师应注意教学内容、教学手段、学生实际情况三者之间的和谐，根据教学内容以及学生的认知特点，选择适宜的教学手段，激发学生的学习兴趣，使学生保持良好的学习动机。另外，教师应针对每个人的不同情况来制订预期目标，遵循心理学中的"最近发展区"原理，要让学生跳一跳摘到桃子，从而激励其努力达到目标，并能够从成就感的满足中得到快乐。此外，和谐课堂心理环境的构建与心理学理论息息相关。课堂心理环境是指课堂教学中影响师生心理互动的环境，如班风学风、师生关系、同学关系、课堂气氛等。心理学研究表明，课堂心理环境不仅对课堂教学活动产生影响，也对学生认知、情感、行为产生影响，更对学生的身心健康发展有着明显的影响。课堂心理环境融洽还是冷漠，活跃还是沉闷，将对整个课堂教学产生积极或消极的影响。和谐、愉悦的课堂心理氛围有助于学生积极参与课堂活动，而紧张、冷漠的课堂心理气氛会大大抑制学生学习的热情。因此，我们要营造和谐的心理氛围，使学生与教师、学生与学生、师生与环境产生愉悦的"心理磁场"，从而达到课堂教学效果的优化。

三、和谐教育理论

和谐教育思想在中西方都源远流长，在西方，和谐教育思想最早产生于古希腊。古希腊"三杰"即苏格拉底、柏拉图、亚里士多德，他们的教育思想中都提到了和谐发展的观点。苏格拉底提出了"美德即知识"的命题；柏拉图强调早期教育，注重学习读、写、算、骑马、射箭等知识和技能，要求12岁到16岁阶段的少年要分别去弦琴学校和体操学校学习；亚里士多德把人的灵魂分为植物的、动物的和理性的三部分。与之相对应，提出了体、德、智三方面的教育；此外，他还注重音乐教育。近代教育之父夸美纽斯在其著作《大教学论》中写道，"事实上，人不过是身心两方面的一种和谐而已。"德国著名的自然主义教育思想家第斯多惠在《德国教师培养指南》一书中提出和谐教育的思想，第斯多惠认为每一个人都应当追求内在自我的和谐培养，在和谐培养的原理指导下，每个人充分地发挥自己的特长，发展成为一个完美的人。苏霍姆林斯基是和谐教育思想的集大成者，他从事教学理论与实践研究三十多年，提出个性全面和谐发展的教育思想。他认为，为了培养全面和谐发展的人，必须在整个教育过程中实施和谐的教育，即把人对客观世界的认识和个人的自我表现结合起来，使二者达到一种平衡。

当前的和谐教育是在汲取以往和谐教育思想精华的基础上，依据人的全面发展学说和现代系统科学的基本原理而提出，即从促进社会全面协调可持续发展和全体社会成员身心全面发展的统一出发，调控全社会和教育场中各要素的关系，使全社会教育的节奏符合社会成员发展的节律，使全体社会成员的基本素质获得全面充分发展的教育。和谐教育与激励教育、创新教育、愉快教育一样，都是实现素质教育培养目标的教育模式。和谐教育理论直接并深刻影响着和谐课堂教学观念，为实现和谐课堂教学奠定了一定的思想基础和理论依据。

第二节　和谐课堂教学的创设原则

一、以人为本原则

以人为本，构建和谐课堂教学是全面树立和落实科学发展观和构建和谐社会重大战略思想在学校工作的具体体现。学校是培养人才的场所，课堂教学又是学校教育教学的主要形式，没有和谐的课堂教学就不会有和谐的校园，也就不会有和谐的社会，而以人为本原则是构建社会主义和谐社会的指导原则之一。因此，构建和谐课堂教学也必须坚持以人为本原则。学生是课堂教学的主体，所以，"以生为本"是以人为本在和谐课堂教学中的具体体现。以生为本主要包含两方面的含义：第一，教师要认真钻研教材，精心备课，在组织课堂内容时必须考虑到所讲授的内容是否符合学生的实际情况，是否有利于学生对知识的理解和吸收；第二，课堂中的一切活动都应当坚持以学生的全面和谐发展为本，始终把学生放在第一位，以学生为出发点，以学生为动力，以学生为目的，立足于学生潜能的开发、素质的提高和能力的发展。建立民主、平等、尊重的课堂教学人际关系，尊重学生的权利、人格和个性需要，关心、理解和信任每一位学生。在开展课堂教学活动中，要充分发挥学生的主体性，给一切学生提供机会，尽可能地让每一位学生都积极参与教学活动，实现师生、生生互动，共同发展。只有坚持以人为本才能体现教育对人生命主体的价值和人的主体地位的科学认识，意味着课堂应把人的世界和人的关系还给人自己。

二、整体性原则

课堂教学可以看作由教师、学生、教学内容、教学方法、教学手段等若干相互联系的教学要素构成的一个系统。系统是由事物内部互相联系着的各个要素、部分所组成的有机整体。整体与部分相互依赖，没有部分就不会有整体，没有整体也无所谓部分。但整体不是部分的简单相加，整体是各个部分有机的结合，整体具有部分所没有的新功能。当各部分以有序、合理、优化的结构形成整体时，整体功能大于各个部分功能之和。一根筷子的韧性较小，容易被折断，而一大把筷子的韧性就大得多，不易被折断。"三个臭皮匠，顶个诸葛亮。""一花独放不是春，万紫千红春满园。"都揭示了这个哲理。反之，当各个部分以无序、欠佳、不合理的结构形成整体时，各部分原有的性能得不到发挥，其力量被削弱，甚至相互抵消，从而使整体功能小于各部分功能之和。因此，我们在构建和谐课堂教学时要遵循整体性原则，使课堂教学各要素之间相互配合适当，处于一种协调、统一的状态，即和谐的状态，让课堂教学的整体功能得到最大限度发挥。

整体性原则在学生方面体现在两方面，即面向全体学生的发展和学生个体素质的全面发展。一是面向全体学生。课堂教学要克服过去"尖子"教学与"英才"教学的片面性和单一性做法的影响，教师要关注每一位学生，保证好、中、差三类学生都能受到很好的教育，都能有机会参与课堂教学的各项活动，使他们各自在不同程度上有所提高和发展。教师特别要对学习困难的学生给予切实的帮助和指导，逐步地转化学习困难学生，让他们在自己原有基础上都有所进步；二是学生个体素质的全面发展。人本主义心理学认为，任何健康人都是一个完整的统一体，他们各自意识、认知、情感和运动彼此较少分离，更多的是互相协作，即为了同一目的没有冲突地协同工作。因此，我们必须把人当作一个理智与情感的整体去研究，必须用整体分析法来研究人，才能产生更有效的结果。课堂教学应该克服只重视知识教育而忽视能力培养和品德教育的做法，要关心学生的身心、情感、认识等各个方面，使知识、能力、品德教育一体化，学生德、智、体、美、劳等各方面得到整体发展。这里需要特别指出，强调学生的整体发展但并非忽视学生的个性发展。全面发展不等于平均发展，平均发展最终只会扼杀个性。个性发展是指个体在性格、能力、兴趣、价值观念等方面形成的稳定的心理特征。个性发展和全面发展并不矛盾，两者是对立统一的关系。全面发展是个性发展的基础，个性发展是全面发展的核心。我们要培养创新人才，必须在促进受教育者全面发展的基础上来提倡他们的个性发展。

三、发展性原则

构建和谐课堂教学要坚持发展性原则，就是要以促进教师和学生的共同发展为原则。和谐的课堂教学应包括学生自身的和谐发展和教师自身的和谐发展。教师的发展是学生发展的基础，是学校可持续发展的不竭资源。如果教师发展不能顺应时代要求，就不可能造就学生素质的逐步提高。学生的发展是教师教育教学的立足点，是课堂教学的最终目标。只有教师和学生的共同进步和共同发展才是双赢，才能真正促进课堂教学的发展，促进学校的发展。

课堂教学所具有的特定条件、结构及课堂教学活动，尤其是学生活动的状态，决定了课堂教学对学生的素质形成具有发展价值。活动是人的发展得以实现的现实性因素和决定性因素，也是人的素质发展的基本机制。课堂教学为学生认知素质的发展提供了最为重要的资源和途径，为学生认知以外的素质发展奠定了认知上的基础。教师应关心和爱护每一个学生，促进每一个学生发展，要注重发展的全面性、主动性、差异性和持续性。和谐课堂教学的构建以多元智能理论为理论依据，特别注重学生多元智能的发展及学生能力发展的多元化。和谐课堂教学所倡导的探究学习和合作学习改变学生原先单一知识的接受性学习，为学生创设开放的学习环境，为学生的发展提供了广阔的空间。探究学习有利于培养和发展学生收集信息、处理信息、分析信息的多元能力，以及动手操作能力、发散思维能力、创新能力。通过师生合作、生生合作可以发展学生协作能力和交往能力，并在合作交往中丰富自身的情感与多元化体验。而这些方面能力的培养和发展既体现了新课程改革的宗旨，也是构建和谐课堂教学的目的所在。"学高为帅，身正为范"，教师不仅是知识的传播者，人格的影响者，也是道德的示范者，教师的一言一行都会对学生的世界观、人生观、价值观产生重要而持久的影响。因此，在促进学生发展的同时，教师也应该不断地提升自身的素养和专业水平。教师要转变教育理念，树立"以学生发展为本"的教育理念。教师要与学生真诚相待，建立和谐的师生关系。要有一定的教学机制和教学幽默感，能从容面对突发情况。此外，教师必须不断发展与人合作的意识与能力，教师之间、师生之间要相互合作、互相学习，取长补短。教师还必须不断发展课程开发的意识与能力，随着新课程的实施，教师要充分地认识到自身是"用教科书教"，是课程的开发者和建设者，而不是"教教科书"，不是课程的消费者和执行者。教师要善于根据学生的心理特点、兴趣爱好与教学内容开展探究活动课的教学。

四、互动性原则

社会是人们交互作用的产物，一个人的发展取决于和他直接或间接进行交往的其他一切人的发展。和谐课堂教学应是师生互动、生生互动、心灵对话的舞台，应是师生共同创造奇迹、唤醒各自沉睡潜能的活动。因此，我们要遵循互动性原则来构建和谐课堂教学，实现师生、生生互动，共同发展。

互动是指充分利用和学习有关又能相互作用的教学因素，促使学生主动地学习与发展，进而使课堂教学达到高质高效的教学效果。互动对课堂教学而言，意味着对话、参与和相互建构。教学过程可以看作是教师、学生、中介这三个动态因素以信息为载体的互动过程，是一种复合活动。它具有多向性，强调多边互动。课堂教学互动包括人与人互动、人与机器互动、人与文本互动、人与环境互动等多种全方位互动。其中师生、生生互动又可以分为五种基本类型，即教师个体与学生群体的互动、教师个体与学生个体的互动、学生个体与学生个体的互动、学生个体与学生群体的互动、学生群体与学生群体的互动。课堂情境符合学生的求知欲和心理发展特点，师生之间、同学之间关系正常和谐，学生产生了满意、愉快、羡慕、互谅、互助等积极的态度和体验，这些积极的课堂心理气氛是课堂教学互动的基本条件。积极的课堂心理气氛的形成，要靠教师的精心组织和主动创造。教师是积极课堂心理气氛的创造者和维护者。教师能以自己的积极情感感染学生，建立良好的班级人际关系，使学生在课堂学习中始终保持良好的心理状态，并能有效地进行课堂教学调控。合作学习是课堂教学互动的基本理念，通过小组合作、成果展示、教师参与学生的活动、师生民主对话等形式，使有效互动成为课堂的主旋律。师生、生生之间的交流互动可以起到相互学习、彼此互补、共同发展的作用。这样不仅有利于开阔自己的视野，而且增加了解他人的机会，更重要的是在互动中加强情感上的沟通与交流，有利于形成友爱、和谐、互助的集体。

第三节　和谐课堂教学的创设策略

和谐课堂教学的构建是一个长期而艰巨的过程，在这里提出以下可供参考的五方面要求，从观念到行动，逐步地构建和谐课堂教学。

一、培养和谐课堂教学的意识

和谐课堂教学的构建是进行和谐课堂教学的前提和必然。人的行动建立在一定的思想意识基础上，先有意识，才能在意识的指导下做想做的事情。教师和学生是构成课堂教学两大最基本的人的因素，构建和谐课堂教学的动力来自全体教师和学生的努力，需要他们形成合力。因此，和谐课堂教学的构建需要充分地培养教师和学生的和谐理念，形成和谐意识，建立对和谐课堂教学构建必要性的认识，为和谐课堂教学的构建奠定坚实的思想基础。

（一）明确进行和谐课堂教学的意义和价值

担任构建和谐课堂教学职责的主要是教师，教师应自觉培养和谐课堂教学的意识，深入地研究教师的"教"与学生的"学"。教师对"教"的研究只限于怎样在一堂课45分钟内完成教学任务，缺乏对学生"学"的深入了解。课堂教学大部分时间都是教师讲，学生听，教师理所当然认为自己是课堂教学的主体，而学生是接收知识的客体，教与学呈现出相当的不和谐，教师也没有培养和谐课堂教学的意识，更谈不上构建和谐课堂教学。在学生的意识里，教学目标和计划都是事先为他们制订的，教师是以完成课堂教学任务为职责的，而对自己在课堂教学中的主体地位缺乏正确的认识，当然也认识不到和谐课堂教学的必要性和重要性。和谐课堂教学是指按照学生的认知特点和身心发展的基本规律，调控课堂教学中的各种要素（如教学的目标、内容、方法、手段等）之间的关系，使之达到协调、配合与多样性的统一，使教学的节奏符合学生发展的节奏，"教"与"学"产生谐振效应，从而提高课堂教学质量，减轻学生负担，使学生得到全面、和谐、充分的发展。社会主义和谐社会需要的是身心和谐发展的人，和谐课堂教学能促进人身心的健康发展，培育出符合和谐社会发展需要的人才，塑造一代和谐社会建设的精英。因此，教师要明确进行和谐课堂教学的意义和价值，明晰自己在和谐课堂教学中的地位、角色、使命，并充分认识和谐课堂教学的必要性和重要性，自觉地培养和谐课堂教学的意识。

（二）增强学生主体意识，树立自我和谐发展观念

主体意识是人对自身的主体地位、主体能力和主体价值的一种自我觉悟。学生主体意识的觉醒，意味着学生主动参与自身发展，以达到身心自由、充分发展的开始。学生主体意识的强弱，在某种意义上决定着其对自己身心发展的自知、自检、自主、自奋的程度。主体意识愈强，学生参与自身发展的自觉性就愈强。因此，教师在课堂教学中要增强学生的主体意识，使学生参与自身发展的自觉性提高，对自身身心发展的自知、自检、自主、自奋的程度也相应地提高。同时，教师和学生都要树立自我和谐发展的观念。只有和谐发展的教师才能培养出和谐发展的学生。因此，教师要不断地提高自身的素养和专业水平，做一个"学习型"教师，在不断的自我学习和反思中能等待、会分享、常宽容、善选择、巧合作、敢创新，努力让自身得到和谐发展。学校必须加大和谐社会构建、和谐课堂教学构建的宣传力度，学生应该把自己当成和谐社会中的一员，树立自我和谐发展的观念，将自我和谐发展作为一种内在需要、动力和目标，

严格要求自己，向和谐发展的目标靠近。

二、建立和谐的课堂人际关系

课堂人际关系是指课堂里人与人之间在情感与信息交流过程中所形成的比较稳定的心理关系。主要有两种类型：一种是垂直的人际关系，即师生关系；另一种是水平的人际关系，即同学关系。和谐的课堂人际关系是孕育学生身心和谐发展的沃土，而矛盾和冲突的课堂人际关系则会让教师和学生感到忧虑和苦恼，甚至会影响身心健康。因此，要想培养学生身心和谐发展，我们必须建立和谐的课堂人际关系。

（一）建立和谐的师生关系

和谐的师生关系是促进学生健康情感和良好社会性发展的基础，是保证教育教学活动顺利完成的前提，是素质教育得以实现的关键。和谐的师生关系是一种长久不衰，最富生命力的教育力量。它有利于创设民主、和谐、轻松的课堂教学氛围，师生之间相互尊重、相互信任，教师能心情舒畅地教，学生能轻松快乐地学；有利于师生间的交流与合作，师生坦诚相待，相互体谅与包容，彼此敞开心扉，知识和情感上都能达到很好的交流，学习上也可以成为很好的合作伙伴；有利于学生形成自尊和尊重他人、诚实、善良等优秀品质。和谐的师生关系要求教师要有高尚的品德修养和良好的举止规范，这些都会影响学生、促进学生良好品质的形成。

在课堂教学中，怎样建立和谐的师生关系呢？首先，教师要转换角色，树立民主平等的师生观。教师要从知识的灌输者转换为学习的引导者，从课堂的主宰者转换为平等的交流者，从单向的传授者转换为互动的合作者，从呆板的经验者转换为教学的创新者。其次，学生要转变观念，树立民主平等的师生观。学生要转变教师是绝对权威的观念，要求教师尊重、信任和关心学生，公正地对待全班学生。教师要让课堂成为一个温暖的家，每一个学生都能得到理解和尊重、宽容和关怀。要让课堂成为师生平等对话的平台，学生知无不言，言无不尽。再次，教师要提高教学机智，师生作为课堂教学的主角，两者之间往往不可避免地存在着一些矛盾。这就要求教师要有较高的教学机智，表现出一种敏锐、迅速、准确的判断能力，能及时对待和处理矛盾，主动协调人际关系。最后，教师要学会与学生合作。师生之间的合作一方面体现了师生关系的民主平等，学生和教师都是教育教学活动中的参与者，学生不是被动接受知识的"容器"；另一方面，师生之间的合作关系也是培养学生的人际协作精神、创造能力和实现师生教学相长的要求。在与学生合作时，教师最重要的是要信任学生，相信学生一定会成功。要营造民主的气氛，让所有的人都能够畅所欲言，表达自己的心声，并无条件地、全身心地倾听对方的意见和感受。

（二）建立和谐的同学关系

谈起构建和谐的课堂人际关系，大多数人往往都关注和谐师生关系的构建，而不够重视和谐同学关系的建立。在学生的成长过程中有各种影响因素，同龄人的影响极其重要。同学关系的质量会对学生的学业成绩和身心健康产生深远的影响，融洽、和谐的同学关系对学生的学习和成长具有巨大的促进作用，是学生形成社交能力与情感的关键因素。因此，和谐课堂教学必须要建立和谐的同学关系。

在课堂教学中，可以从以下方面来建立和谐的同学关系：①提倡合作学习和良性竞争。合作即双赢，同学之间通过交流与合作，能够取长补短，共同发展。在合作学习中，学生要尊重彼此的学习方式、彼此互相认同，既要充分发表自己的意见，也要耐心听取别人的意见，生生团结互助，并以此营造良好的学习氛围，形成和谐的人际关系。在课堂教学中，教师既要让学生学会与其他同学合作，又要鼓励学生之间良性竞争。有竞争才有动力，有竞争才会前进。课堂里的良性竞争能增强学习氛围，提高学习效率，使同学关系更融洽、更和谐；②倡导学生互评，并为学生互评创造机会。学生互相评价作为课堂教学评价的一种有益补充，是生生交往的重要表现之一。教师要借助小组合作活动的形式，组织学生进行互相评价，也可以制订相应的评价表格来规范学生互评的方法，让学生通过互相评价来促进彼此的了解，协调同学关系。

三、创设和谐的课堂教学环境

人生活在一定的环境中，一方面既受环境的影响，另一方面又要善于适应环境，同时还要努力控制和改造环境，使之为自己服务。课堂教学活动也是如此，只有了解、适应、改造课堂教学环境，使课堂教学环境为教学工作服务，教学才能取得理想的效果，学生能更自由、健康、和谐的发展。课堂教学是教育情景中的人与环境互动而构成的基本系统。因此，和谐的课堂教学环境包括和谐的课堂教学物理环境和心理环境。

（一）创设和谐的课堂教学物理环境

良好的物质环境是进行教学的物质基础和基本保证，和谐的课堂教学物理环境，有助于良好课堂秩序的维系，有助于和谐的心理环境的形成，有助于教和学的协同共进。和谐的课堂教学环境首先需要建立良好的学校环境。良好的学校环境，常选在风景秀丽、交通便利、远离噪音和空气污染的地方。教室作为学生接受教育的主要场所，直接影响着课堂教学活动。教室环境的布置和整洁程度不仅会对学生的心灵身心健康产生相当的影响，而且会对学生学习的态度与行为产生显著作用，进而影响课堂教学效率和质量。因此，我们要以和谐为原则，对教室布局进行合理的规划与设计。教室的四面墙最好是白色、淡蓝色或淡绿色，使教室显得素净淡雅，令师生心境开阔。教室两侧的墙壁上可以挂名人画像、格言警句、奖状锦旗、地图表格等，显示出教育性、艺术性和思想性，给师生以美感和启迪。教室要保证良好的通风，整齐的桌椅，漂亮的窗帘，明亮的灯光，创造一种协调的气氛，使人产生一种愉快的心情，从而提高学习效率，实现环境育人的功能。和谐课堂教学要求师生互动，因此，教师应根据教学的需要和学生特点，利用不同座位排列方式的长处，灵活调整组合座位，以利于师生互动和信息的多向交流。创设和谐的课堂教学物质环境还需要加大教育投入，改善办学条件，为教学提供充足、完善的教学设备，如电视、幻灯、录音设备、多媒体等，教师要适时、适度、熟练地使用这些教学设备，提高学生的学习兴趣，提高学习效率。

（二）创设和谐的课堂教学心理环境

课堂教学心理环境是指在课堂教学活动中，影响学生认知效率的师生心理互动环境。它虽然不直接参与教学活动，但却在很大程度上制约着课堂教学效果。它既可以使课堂成为每个学生一心向往的殿堂，也可以使课堂成为学生唯恐避之不及的地方。它还直接影响着教师水平的发挥和教学的效果，不论采取什么教学方法和课堂教学模式，都要以和谐的课堂教学心理环境为保障。可见，创设和谐的课堂教学心理环境是构建和谐课堂教学的关键。

和谐的课堂教学心理环境是由各种因素共同构建的"心理场"，教师良好的心理素质是创设和谐课堂教学心理环境的首要条件，一个塑造学生健康心灵的教师，自身首先要心理健康。在进行课堂教学时要有愉快的心情，稳定的情绪。要善于调控自己的情绪，避免把不良的情绪带到教学过程中去。要有一定的教学机智，能恰当、迅速、果断地处理课堂上的突发情况。大量事实证明：积极良好、和谐愉快的心理环境能使学生的大脑皮层兴奋，这种情况下学生往往思路开阔、思维敏捷、想象力丰富，从而提高学习效率。因此，教师要创设宽松、民主、和谐的课堂教学心理氛围，尽可能习惯"一个课堂，多种声音"，尊重学生的人格和学习方式，平等地对待每一位学生，要善用激励性的言语，对学生缺点错误宽容，以发展的眼光看待每一位学生，要让学生知无不言，自由地彰显个性。此外，和谐课堂教学心理氛围的构建也必须考虑教学内容的选择，教学内容必须充分关注学生的需要和身心发展特征，要有创新性，激发学生的学习热情和兴趣，让学生形成良好的学习心态。

（三）协调课堂内外环境的关系

课堂教学是学校教育的主要形式，是学生获得身心发展的主要场所。但在培育人的过程中，除课堂教学之外，家庭教育、校内社团活动、社会实践与交往等这些课堂外部环境对课堂教学质量有直接或间接的影响。它们与课堂教学有着密切的联系，会以各种途径、各种方式对课堂教学的实施产生不同程度的影响。如果这些课外环境与课堂教学是一致的，就会有助于课堂教学的开展。相反，如果课堂内环境与外环境不一致或相冲突，无疑不利于和谐课堂教学的构建。因此，我们要使学生得到全面和谐充分的发展，就必须处理好课堂内环境与课堂外环境的关系，要充分协调和利用学校、家庭、社会中的有利因素，充分发挥其教育功能，使课堂内环境和课堂外环境和谐统一，形成合力共同对学生进行教育。

四、建立和谐的"教"与"学"

课堂教学过程是教师与学生为完成教学任务而进行的交往互动过程，教师的"教"与学生的"学"是课堂教学最基本的两个要素，"教"与"学"的和谐是和谐课堂教学的基础与核心。然而，审视当今的课堂教学，我们发现因教与学之间的不和谐会产生教与学分离、冲突的现象，从其表现形式上，可以分为"有教无学"和"有学无教"。"有教无学"是指在课堂教学中，教师在台上讲课，学生在台下窃窃私语，对教师的教全然不知，教学活动被分解为只有教而无学的状态。"有学无教"是指在课堂教学中，教师在台上教，学生在台下不按教师的学，主动弃学，按自己的意愿有选择地进行学习，如看别的书或做别的作业等，从而形成了"有学而没有教"的状态。形成"有教无学"和"有学无教"现象的原因很复杂，既有教师方面的原因，也有学生方面的原因。课堂教学中，"有教无学"和"有学无教"现象使"教"与"学"不能产生谐振效应，教学的节奏不符合学生发展的节奏，课堂教学质量得不到提高，学生也得不到全面、和谐、充分的发展。因此，对如何建立和谐的"教"与"学"的关系提出了几点建议。

（一）正确处理"教"与"学"的辩证关系

"教"与"学"是矛盾的两个方面，既对立又统一，通过矛盾运动，推动着教学活动的开展。在课堂教学中，"教"与"学"既相互依存、相互制约，又相互渗透、相互包含、相互转化。学受教的启动，教受学的制约。教是学的前提和依据，学是教的结果和目的。教师的教是外因，学生的学是内因，外因只有通过内因才能起作用。正确处理好教师的主导作用与学生的主体地位之间的关系是实现"教"与"学"关系和谐的关键。在教学活动中，学生是学的主体，学生的积极性、主动性、创造性是学习的内因，激发学生学习热情，调动学生学习兴趣，鼓励学生主动参与是课堂教学环节中至关重要的问题。教师是"教"的主体，发挥着主导作用，按照教育教学规律组织教学活动，对学生进行引导和启迪，促进学生在知识与技能、情感、态度与价值观等方面的发展。总之，教师的"教"是为了促进学生的"学"。在课堂教学中，教师的主导作用与学生的主体地位是不可分割的有机统一体，正确发挥教师的主导作用是充分调动学生学习主动性、积极性的前提，而充分发挥学生的主体性又是充分发挥教师主导作用的重要标志。和谐课堂教学要求坚持"以学习为本"，就是要确立学生的主体地位。教师是学生学习的组织者、引导者和合作者，学生的学离不开教师的教，学生的主体地位是在教师引导下逐步确立起来的。教师主导作用的出发点必须是"学"，课堂教学所追求的结果也一定由"学"体现出来。因此，教师的主导作用必须从发挥学生的主体作用出发，这样教师的主导作用与学生的主体地位才能统一起来，才能将学生的主动性、积极性调动起来。

（二）实现"教"与"学"多方面的统一

"教"与"学"包括的方面很多。

第一，"教"与"学"的目标要统一。目标，一般是指人们从事某项活动所要达到的预期结果。目标可以激发学习者的学习兴趣，端正行为动机及要求学习者要达到的目的或结果。教学目标是指教学活动的预期结果所要达到的标准。教学目标是教学活动的出发点和最终归宿，对教学活动有指导作用和激励的作用。在课堂教学中，教师要把自己的教学目标与学生的学习目标统一起来，使师生产生共同的心理追求，相互激励和学习，为了一个共同的目标而努力奋斗。提出了三维目标教学，即知识与技能，过程与方法，情感、态度与价值观。教师要把这一教学目标努力转化为学生的学习目标，让学生了解三维目标的含义和意义，这样有利于学生的自我激励、自我调控和自我检验，有利于教学目的的实现。

第二，"教"与"学"的思维要统一。在课堂教学中，如果教师和学生的思维活动趋于同步，课堂教学就能收到较好的教学效果。教师应该充分了解学生的认知特点和认知水平，尝试着从学生的角度观察和思考问题，从学生的角度来设计问题。在课堂教学中，教师要创设问题情境，激发学生的求知欲。创设问题时应注意问题要小而具体，要新颖、有趣、有适当的难度、有启发性。让学生自己开动脑筋，经过思考，反复推敲，直到得出结论。这样就把教师的思维活动与学生的思维活动联系到一起，经过教师适时适当地启发诱导，师生共同向一个方向思考，某些知识和解决问题的方法就由主导一方传授给了主体一方，教师"教"的过程就变成了学生"学"的过程，学生主体性得以体现，教学目标也能够顺利完成。

第三，"教"与"学"的方法要统一。"教"与"学"是教学过程的辩证统一的两个方面，教法与学法属于"同源之水，无本之木"，是一个问题的两个角度，教法是从如何教的角度来研究的，学法是从怎样学的角度去探索的。教法的本身就包含着学法，渗透着学法指导。教师如果深入了解学的规律及影响学习的可变因素，并以此去指导学生的"学"，就会发现许多有效的教法。学习是学生自身的认知活动，学生只有采用了符合自己的认知水平和认知规律的学法，才能有效地促进自身知识和智能的发展。当学生掌握了适应终身学习的方法后，他才能学会认知、学会做事、学会共同生活和学会生存，即实现教育的四大支柱。因此，教师要树立"以学定教"的教学方法观。学是教的根据，教法要适应学法，教的规律要符合学的规律。教师的教法不能脱离学生的学法，应主动让自己的教学去适应学生，以学法定教法。

五、建立和谐的课堂教学评价体系

课堂教学评价是对课堂教学质量的综合评定，即以教学目标为依据，对课堂教学设计、施教过程以及教学效果给予价值性的判断，以提供反馈信息，使教师努力优化自己的教学过程，完成教学目标。随着新课程改革和素质教育在全国范围内的不断深入展开，传统课堂教学评价的弊端日益暴露，教师只注重"是否完成认知目标"，忽视学生综合能力的发展；只关注教师在课堂中的具体表现，忽视学生的表现；教学设计过于强调统一性，缺乏灵活性；过于依赖量化评价方法，忽视对质性评价方法的认识与实践等。新课程改革明确提出要改变课程评价过分强调甄别与选拔的功能，发挥评价促进学生发展、教师提高和改进教学实践的功能，建立促进学生全面发展的评价体系和促进教师不断提高的评价体系。和谐的课堂教学需要和谐的课堂教学评价，和谐的课堂教学评价应该体现新课程理念，形成发展性课堂教学评价，促进师生关系和谐、生生关系和谐，促进学生发展和教师提高。

建立和谐课堂教学评价体系是一项系统而复杂的工程。首先，确定评价体系的主要维度。传统课堂教学评价只把眼光盯在教师的具体表现上，使得公开课成为教师的表演秀，忽视了学生的主体性，忽视了学生在课堂上的表现。和谐课堂教学特别强调突出学生的主体性，注重学生学习过程的参与性。因此，确定评价体系的主要维度为：学生、教学过程和教师三个方面。其次，确定一级指标体系。一级指标是指整个课堂教学评价的总体框架内容。可以从教学目标、教学过程、教学方法、教学媒体、教学活动的氛围、教师个人素质等方面，去构建和谐课堂教学评价体系的框架。对教师要进行全面评价，不仅要对显性行为（教师在课堂教学中的具体表现），而且要对隐性行为（如教师的职业道德，专业水平，人格力量等）进行评价。最后，确定二级指标体系。二级指标是一级指标范围内容的详细规划，这是整个体系的重点。要以新课程理念为指导，遵循学科特有的教学规律，统筹考虑各方面的因素。

（一）评价目标多元化

新课程提出多元化的评价目标，针对学生的评价，其目标应是多元的，而不是单一的，至少应包括以下几个方面的功能：反映学生学习的成就和进步，激励学生的学习；诊断学生在学习中存在的问题，及时调整和改善教学过程；全面了解学生学习的历程，使学生主动参与学习；使学生形成对学习积极的态度、情感和价值观，帮助学生认识自我，树立信心。

（二）评价主体多元化

教学过程是师生、生生互动的多主体参与的过程。因此，在评价时要改变单一由教师评价学生的状况，让学生也参与评价过程。学生自评和学生互评，是实现评价主体多元化的方法之一。让学生参与评价过程与结果的分析，主要是让学生通过自我评价提高自主意识、反思能力与学习积极性和主动性，从而更加有效地促进其发展。同时，学生自评和互评也是一种非常有效的学习方法，它根源于建构主义学习理论，体现学生的主体性。

（三）评价内容多维度

传统教学评价主要限于学生的学习成绩，和谐课堂教学评价要求以多维视角的评价内容综合衡量学生的发展状况。不仅关注学生的学业成绩，考察"认识"或"概念"等认知层面，同时关注"表现"等行为层面，创新意识和实践能力等能力层面，心理素质、学习兴趣等心理层面的考察。尊重个体差异，注重对个体发展独特性的认可，给予积极评价，发现和发展学生多方面的潜能，了解学生发展中的需求，帮助学生接纳自己，拥有自信。

（四）评价方法多样化

应针对不同年龄段学生的特点和具体内容，选择恰当有效的评价方法。对学生知识技能掌握情况的评价应将量化评价和质性评价相结合。情感与态度方面的评价则主要通过教学过程中对学生的参与和投入等方面进行考察。考试作为一种有效的评价方式，应根据考试的目的、性质和对象，选择不同的考试方法，如辩论、产品制作、论文撰写等开放动态的测评方式。打破将考试作为唯一的评价手段，要求重视和采用如行为观察、情景测验、成长记录档案袋等质性评价方法。同时，还要将诊断性评价、形成性评价和终结性评价有机结合。

参考文献

[1] 邓钗. 互联网时代大学语文教学策略创新研究 [M]. 北京：九州出版社，2021.

[2] 王珍，王淳婷，胡海艳. 网络语境下的大学语文教学 [M]. 长春：吉林出版集团股份有限公司，2021.

[3] 潘丽莎. 新理念大学语文教学研究 [M]. 哈尔滨：黑龙江教育出版社，2020.

[4] 王君君. 大学语文教学及课堂语言艺术研究 [M]. 长春：吉林人民出版社，2019.

[5] 高娜. 中华传统文化研究与大学语文教学 [M]. 延吉：延边大学出版社，2019.

[6] 孙娟娟. 大学语文教学改革理论与实践研究 [M]. 北京：中国商务出版社，2019.

[7] 刘莉. 大学语义教学改革研究 [M]. 延吉：延边大学出版社，2018.

[8] 宋康健. 现代大学语文教学研究 [M]. 长春：吉林出版集团股份有限公司，2018.

[9] 康佳琼. 大学语文教学改革理论与实践研究 [M]. 长春：东北师范大学出版社，2017.

[10] 王岚. 高职大学语文教学模式改革研究 [M]. 长春：吉林出版集团股份有限公司，2017.

[11] 苏枫. 大学语文教学与思维创新 [M]. 延吉：延边大学出版社，2017.

[12] 郭建灵，刘佳，刘永峰 . 大学语文教学设计和策略探究 [M]. 长春：吉林大学出版社，2017.

[13] 何黎黎 . 大学语文教学方法的改革 [M]. 长春：吉林文史出版社，2017.

[14] 王燕萍 . 大学语文专题式教学实践路径探索 [J]. 湖北开放职业学院学报，2023，36（3）：159-161.

[15] 王明东 . 关于大学语文教学的思考 [J]. 2022（9）：38-40.

[16] 罗时髦 . 中华优秀传统文化在高职大学语文教学中的融入 [J]. 新课程研究，2023（12）：38-40.

[17] 施静 . 课程思政背景下大学语文教学与改革的策略 [J]. 湖北开放职业学院学报，2022，35（2）：132-133.

[18] 谭琼芳 . 大学语文教学中的语言教学 [J]. 文存阅刊，2021（4）：128-129.

[19] 徐伟 . 课程思政视域下大学语文教学中德育教育策略研究 [J]. 湖北开放职业学院学报，2021，34（16）：74-75.

[20] 赵婷婷 . 现代信息技术背景下大学语文教学体系建构 [J]. 中小企业管理与科技，2020（4）：111-112.

[21] 王璇丽 . 信息化视角下大学语文教学资源整合和对策研究 [J]. 环球市场，2019，（2）：157-158.

[22] 李丽芬 . 基于人文精神培育的大学语文教学研究 [J]. 新课程研究，2023（8）：75-77.

[23] 窦红彦 . 大学语文课程中古典诗词教学实践分析 [J]. 湖北开放职业学院学报，2023，36（2）：170-171.

[24] 李源清 . 探究大学语文课程混合式教学的理论与实践 [J]. 哈尔滨职业技术学院学报，2023（1）：57-59.

[25] 王燕萍 . 大学语文教育中"中国古代文学"教学创新路径研究 [J]. 湖

北开放职业学院学报，2023，36（6）：4-5，8.

[26] 姜波.大学语文教学的现状及对策探析 [J].汉字文化，2022（14）：115.

[27] 刘秋瑞.新形势下大学语文教学模式探讨 [J].河南教育：高教版（中），2022（8）：69-70.

[28] 侯海燕.信息化时代下大学语文教学中德育功能的实现路径 [J].中国新通信，2022，24（6）：182-184.

[29] 刘峥嵘.新形势下对大学语文教学改革的思考 [J].世纪之星（高中版），2022（23）：121-123.

[30] 庹梦婷.过程性评价在"大学语文"教学中的探索与实践 [J].河北能源职业技术学院学报，2022，22（2）：90-92，96.